本当は

国語が苦手な
教師のための

国語授業の発問テクニック

小学校編

加藤辰雄
Tatsuo Kato

まえがき

授業では、教師の発問による豊かな話し合いが基本となります。教師がよい発問をすれば、子どもたちの「問い」が示す学習内容への到達に切実さが増し、学びへの意欲は高まります。

よい発問とは、「考えたい」「話し合いたい」というように、子どもたちを能動的にする発問のことです。したがって、「わかっていたと思っていたことがわかっていなかった」「当たり前だと思っていたことが当たり前ではなかった」というように、知的好奇心を揺さぶる発問を考えることが大切です。

また、考えがいくつかに分かれるような発問を考えることも大切です。発問に対する反応がみんな同じなら、話し合う必要はありません。考えが分かれるから自分の考えが正しいのかどうかが気になり、意欲的な学びを引き出すことができるのです。そして、話し合いを通して迷ったり揺れたりして試行錯誤するうちに、一人では体験できない多様な学びも体験することができるのです。

このように、発問のよしあしは授業がうまくいくかどうかに大きく関係します。そこで、本書では国語授業を成功に導く発問のテクニックと文章のジャンルに応じた発問術について書いてみました。本書が読者のみなさんの国語授業づくりに少しでも役立てば、うれしく思います。

最後になりましたが、本書を書くにあたっては、編集部の根津佳奈子さん、新留美哉子さんにたいへんお世話になりました。また、斉藤明子さんにはすてきなイラストを描いていただきました。ありがとうございました。

二〇二一年三月

加藤辰雄

『本当は国語が苦手な教師のための　国語授業の発問テクニック　小学校編』●もくじ

第1章　ここをおさえれば上手くいく！　国語授業の発問ルール……11

第2章 国語授業がみるみる活気づく！発問づくりの成功ポイント

第4章 「深い学び」を引き出す！説明文の発問術……77

接続語に着目させる……96
文末表現に着目させる……98
対比に着目させる……100
くり返しに着目させる……102
要点をまとめさせる……104
小見出しをつけて、大づかみさせる……106
要約させる……108
説明の仕方の工夫を見つけさせる……110
題名に着目させる……112
事柄の順序に着目させる……114
リライトさせる……116
コラム4 よい発問とよくない発問のちがい……118

第5章 「深い学び」を引き出す! 物語の発問術……119

第 1 章

ここをおさえれば上手くいく！国語授業の発問ルール

発問のルール1

発問計画を立てる

●導入時、展開時、終末時の発問を考える

発問計画は、導入、展開、終末の授業展開に即して主要な発問を考えます。導入時では、これから展開される学習内容に関して興味や関心をもたせる発問、学習のねらいや学習課題を理解させる発問を考えます。例えば、物語「スイミー」（光村図書『こくご二上』令和二年度版）でスイミーの人物像を読み取らせる学習では、「**はじめの部分にスイミーが紹介されています。スイミーは、どんな人物でしょうか？**」と学習課題を示す発問を考えます。

展開時では、子どもたち一人ひとりがもつさまざまな見方や考え方、解釈などを相互に出し合い、交流していくことによって、学習内容を身につけていく発問を考えます。例えば、物語「スイミー」では、「『**みんな　赤いのに、一ぴきだけは、からす貝よりも　まっくろ。』から、スイミーのどんなことがわかりますか？**」という発問を考え、「まっくろ」が否定的に使われていることに気づかせます。また、単なる黒色ではなく、「からす貝より」「まっくろ」と二重に黒色を強調していることにも気づかせます。さらに、「一ぴきだけは」と「だけ」があると一ぴきが強調されていること、「赤い」と「まっくろ」が対比されていることなどにも気づかせます。

終末時では、学習のまとめをする発問、学習を振り返る発問、自己評価に関する発問を考えます。「**自分一人では気づかなかった考え、新しい考えを知ることができましたか？**」という発問を考えます。

導入時、展開時、終末時の発問を考える

導入の発問
・学習内容に興味や関心をもたせる
・学習のねらい、学習課題を理解させる

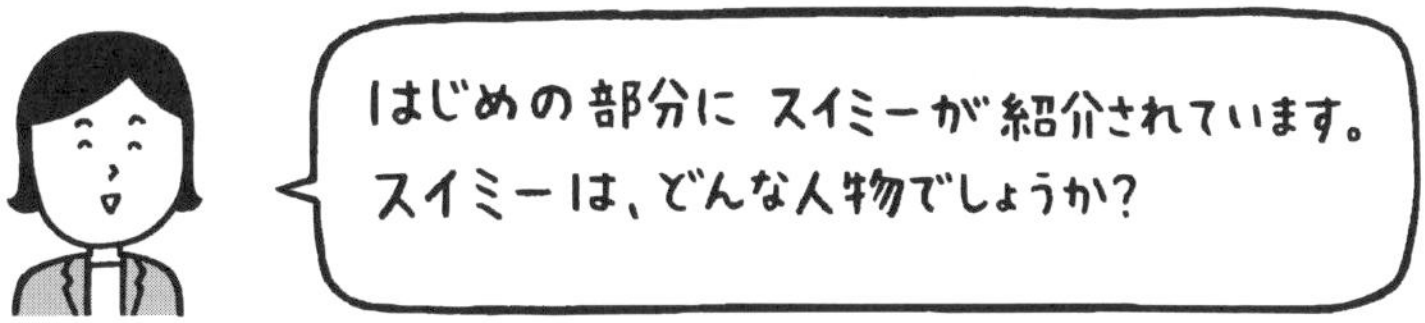
はじめの部分に スイミーが紹介されています。
スイミーは、どんな人物でしょうか？

展開時の発問
・さまざまな見方や考え方、解釈などを出し合い、
交流することによって、学習内容を身につけさせる

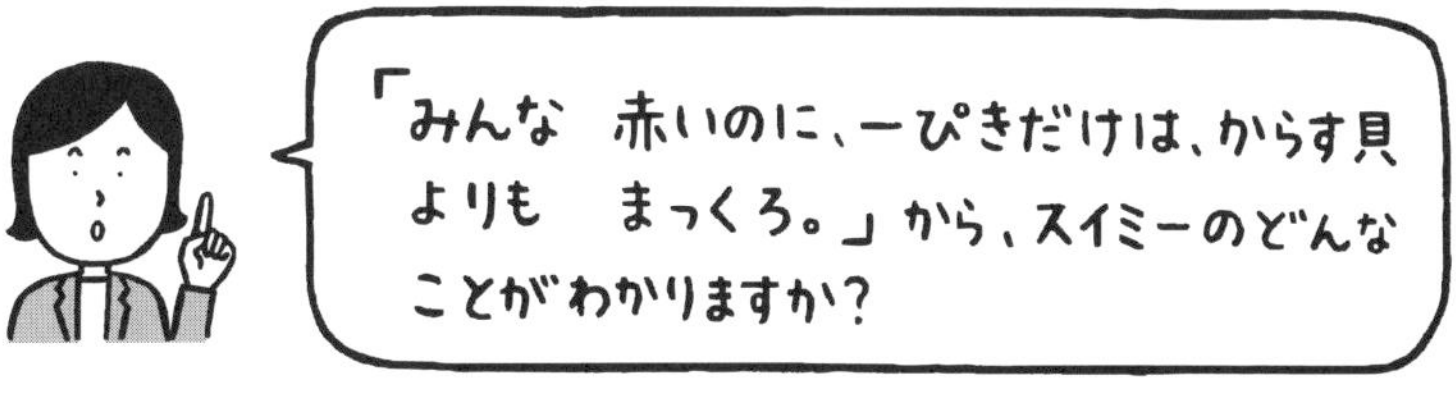
「みんな 赤いのに、一ぴきだけは、からす貝よりも まっくろ。」から、スイミーのどんなことがわかりますか？

終末時の発問
・学習のまとめをする
・学習を振り返り、自己評価する

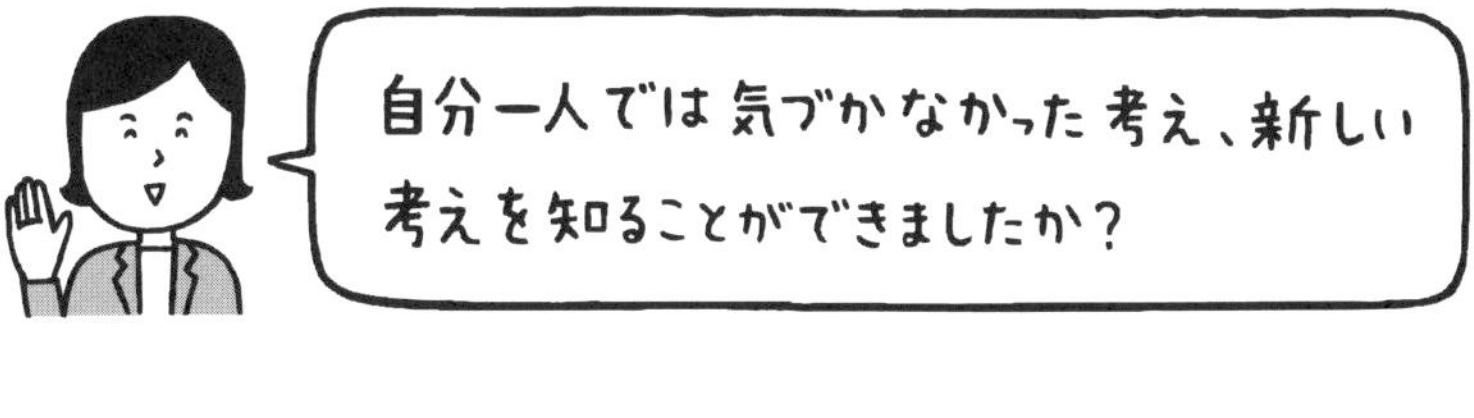
自分一人では気づかなかった考え、新しい考えを知ることができましたか？

発問のルール2

三つのタイプの発問を使い分ける

●三つのタイプの発問の特徴をつかむ

発問には、いろいろなタイプがあります。大西忠治氏は、A「ゆれる発問」、B「大きな発問」、C「動かない発問」の三つのタイプに分類しています（『発問上達法』民衆社）。

A「ゆれる発問」は、子どもに自由な思考を促し、いろいろな疑問を生み出すことができます。つまり、自分の課題、問題のあり場所を発見させるのに役立ちます。しかし、何かをきちんと教えるためには有効ではありません。

B「大きな発問」は、「ゆれる発問」と同じような性質をもっていますが、子どもたちの自由な思考を促すよりも、問題の提示や思考の方向を指し示す役割をもっています。しかし、この発問だけでは正答に近づけないので、助言（補助的な小さな発問）が必要になります。

C「動かない発問」は、子どもたちがすでに知っていることを整理してあげたり、子どもたちが知らないことをこれから思考するための材料提供をしてあげたりすることができます。そのため、子どもたちの反応が活発になります。しかし、「動かない発問」は子どもたちの反応を操作しすぎて一つのワクにはめ込んでしまう心配もあります。

そこで、これら三つのタイプの発問の特徴をしっかりとつかみ、教材研究と子どもたちに何を教えたいかということにもとづいて適切に使い分けることが大切です。

三つのタイプの発問の特徴をつかむ

A　ゆれる発問：子どもの自由な思考を促す

B　大きな発問：問題提示や思考の方向を指し示す

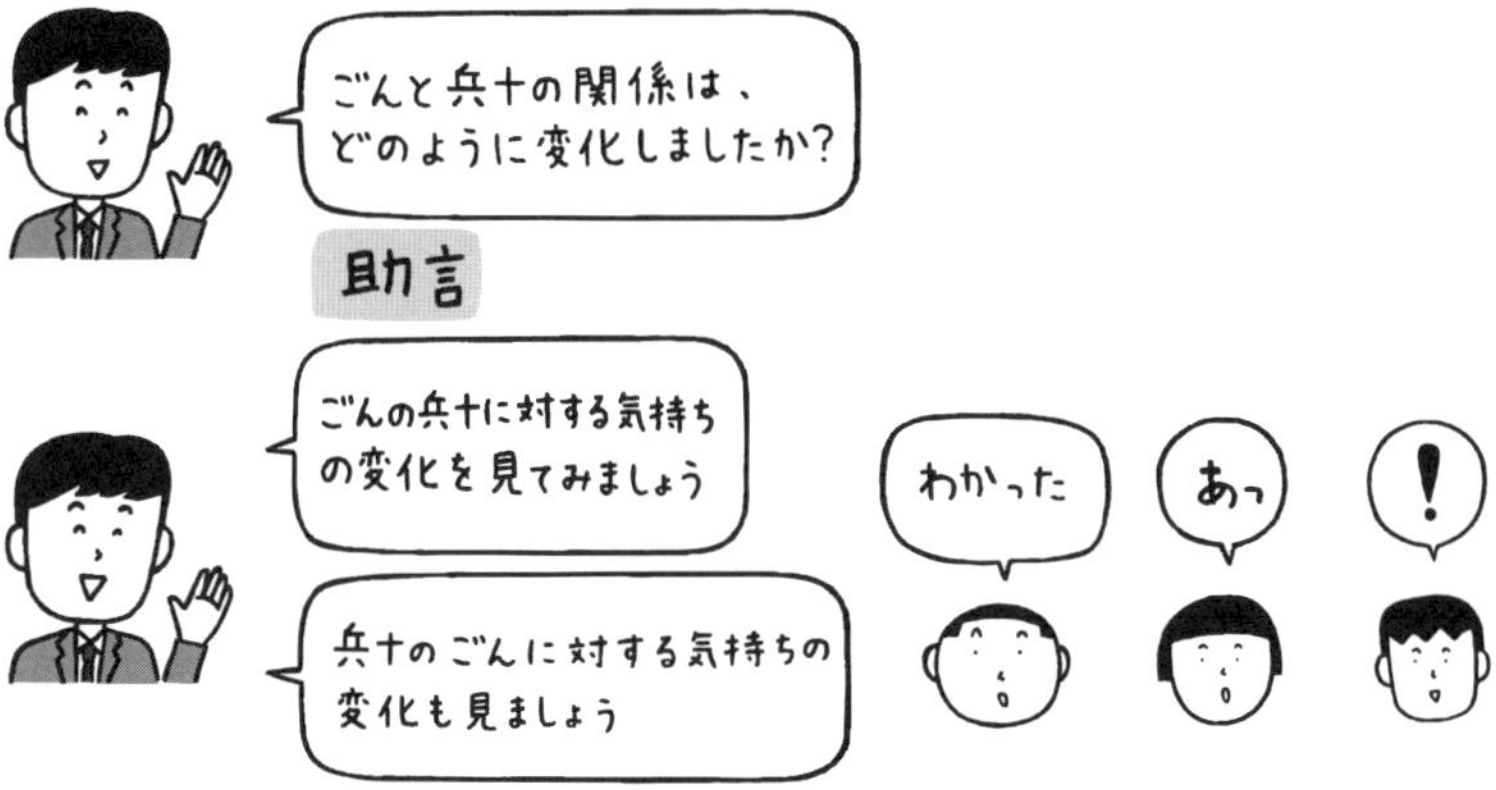

C　動かない発問：子どもたちがすでに知っていることを整理する

発問のルール3

主要な発問と助言を組み合わせる

発問することで子どもたちの思考力を育てる

発問は、子どもたちに説明することをわざわざ問いかける形にしたものです。なぜそのようにするかといえば、説明を聞くという受動的な姿勢よりも、発問に答えるという能動的な姿勢をつくり出すほうが、子どもたちの考える力を育てることができるからです。また、思考活動をさせることによって、子どもたちからいろいろな考えを引き出し、その答えをめぐって子どもたちで話し合いが行われることで、正答にたどりつくというわからせ方もできるからです。

主要な発問は二つまでにする

授業で主要な発問は二つまでにします。それは、主要な発問は大きく、内容が重いのが一般的だからです。主要な発問が二つということは、45分間の授業では一つの主要発問に20分くらい時間をかけるということになります。主要な発問にはこれくらいの時間をかけないと、子どもたちは正しい理解、深い理解をすることはできません。

ところで、主要な発問は内容が重く大きいので、簡単には正答にたどりつくことができません。そこで、ヒントになる補助的な発問（助言）をいくつか用意しておき、子どもたちがつまずいたときにタイミングよく助言して、正答に導くようにします。

主要な発問は二つまでにする

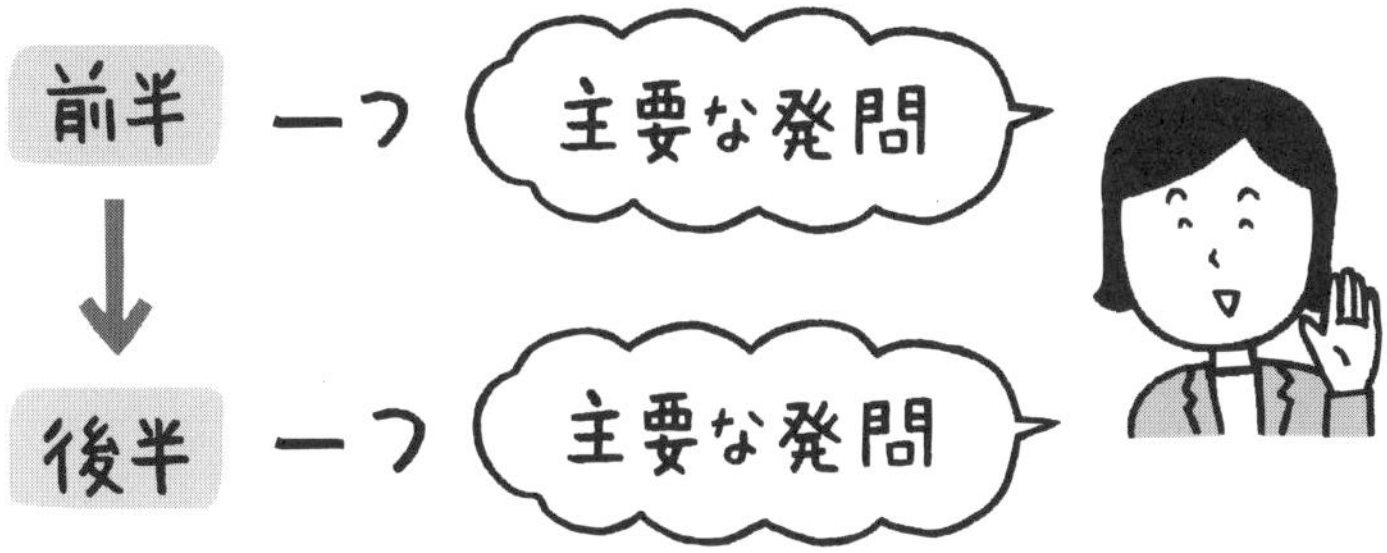

主要な発問と助言を組み合わせる

発問のルール4

正答に導くための助言を少しずつする

少しずつヒントを出して、自分の力で正答にたどりつかせる

45分間の授業の中には、課題や問題を子どもたちに提示する主要な発問が、一つか二つぐらいあるのが一般的です。例えば、斎藤隆介の物語「モチモチの木」（光村図書『国語三下』令和二年度版）で、「**クライマックスはどこですか？**」という発問をします。この発問は、大きな発問なので、簡単には正答にたどりつくことができません。そこで、正答に近づくための助言（補助的な小さな発問）をします。助言とは、正答に近づくためのヒントのことです。ヒントとは、すでに教材研究において教師が把握している正答を、子どもの思考のつまずきの程度に応じて、少しずつ教えていくことです。

したがって、ヒントは最初は少しだけ出し、子どもが自分の力で正答に近づけるようにします。それでも正答に近づけない場面は、さらにヒントを出していきます。先の例では、A「『医者様をよばなくっちゃ』。／豆太は、小犬みたいに体を丸めて、表戸を体でふっとばして走りだした。」と、B「『モチモチの木に、灯がついている。』」の二箇所がクライマックスとして出てきますが、なかなか決着がつきません。そこで、「**豆太は何がこわいのですか？**」と助言し、豆太は夜のモチモチの木がこわいことに気づかせます。さらに、「**豆太が勇気を出したことがはっきりとわかるのは、AとBのどちらですか？**」と助言し、モチモチの木の灯を見ることができたことで勇気を出したことが確定することに気づかせます。

少しずつヒントを出して、自分の力で正答にたどりつかせる

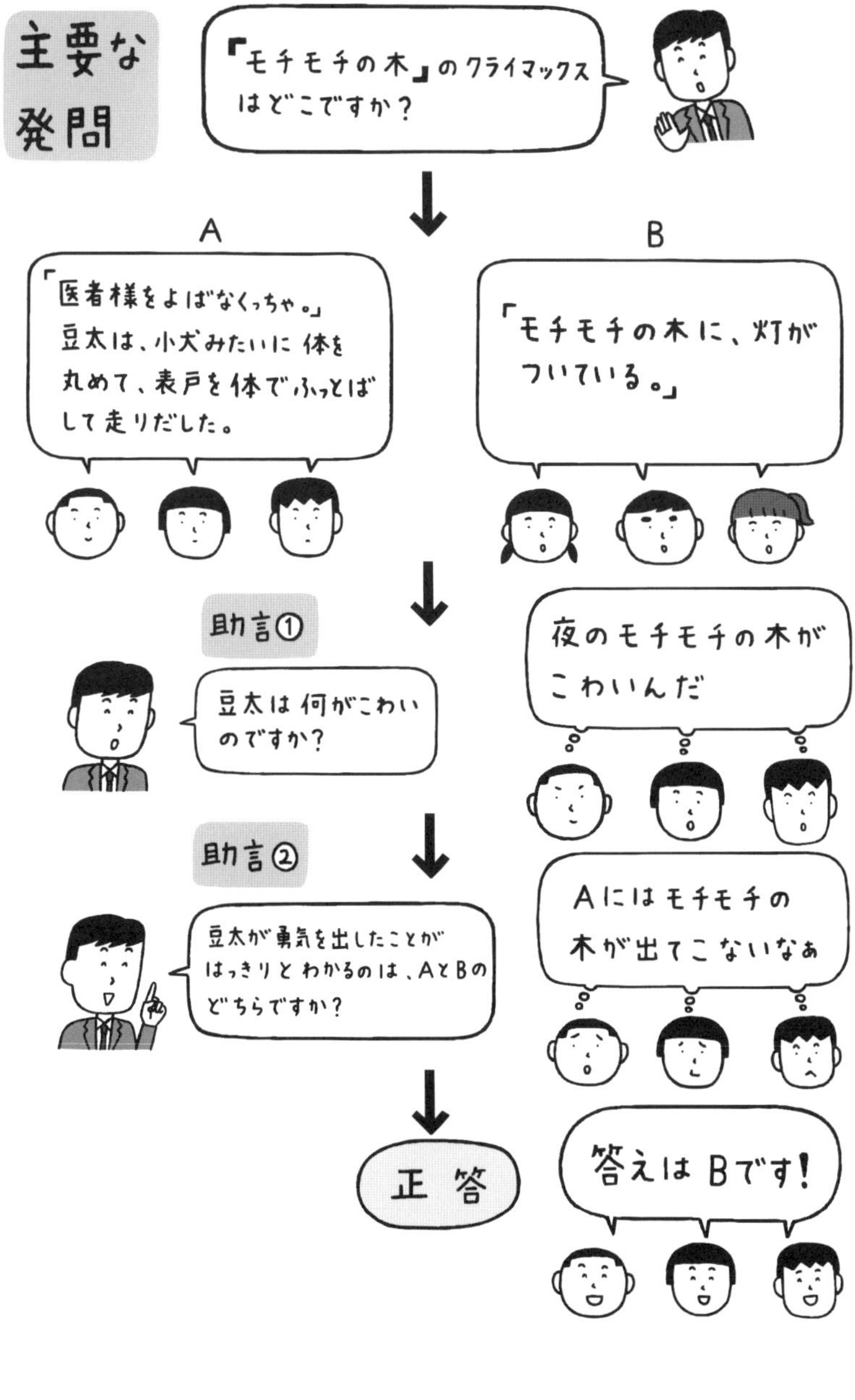

発問のルール5

「あいまいなところ」を見つけて発問化する

確実な解答が出しにくい発問を考える

物語「ごんぎつね」（光村図書『国語四下』令和二年度版）の導入部分に、ごんぎつねの人物像が次のように紹介されています。

「ごんは、ひとりぼっちの小ぎつねで、しだのいっぱいしげった森の中に、（中略）百姓《しょう》家のうら手につるしてあるとんがらしをむしり取っていったり、いろんなことをしました。」

この部分を読ませてから、「**ごんは人間でいうと何歳ぐらいですか？**」と発問すると、幼児、小学生、中学生ぐらいなどといろいろな考えが出てきて、確実な解答が簡単には見つかりません。

このように、教材文の中に、いろいろな解答が可能であり、いろいろな考えが出やすい部分を発見して、それを発問化することが授業を組み立てるコツです。

具体的には、教材研究によって、ごんが子ぎつねではなく体の小さい大人に近いきつねであること、ひとりぼっちでもたくましく生活していること、いたずらをしてもつかまらないようなすばしっこさと大胆さがあること、村人の気を引くためのいたずらでどんなに迷惑なことかがわかっていないことから、中学生から高校生ぐらいの年齢であることを発見します。その解答から発問を考えていくのです。

確実な解答が出しにくい発問を考える

発問のルール 6

予告してから発問する

予告して引きつけ、発問を聞く構えをつくらせる

授業には必ず「本時の指導目標」があり、これを達成するために授業過程をいろいろと工夫します。とくに、発問のよしあしが授業内容を大きく左右するので、しっかりと発問を考えます。

発問するときに大事なことがあります。それは、全員の子どもを一度の発問で引きつけることです。これがうまくいけば、発問をくり返すことがなくなり、授業はスムーズに展開していきます。

そこで、いきなり発問するのではなく、発問する前に「今から質問をします」と言葉がけをしてから発問します。「今から質問をします」と予告することによって、「先生が大事な質問をするんだな」と子どもたちの中に発問を聞こうとする構えをつくることができます。

例えば、物語「大造《だいぞう》じいさんとガン」（光村図書『国語五』令和二年度版）で、「大造じいさんの残雪に対する見方はどう変化しましたか？」といきなり発問するのではなく、まずは「今から質問をします」と全員の子どもによびかけ、聞く構えをつくらせてから発問するのです。発問する前にたったひと言を言うだけで、発問を聞こうとする子どもたちの姿勢がちがってきます。また、「質問をします」と言ったあとに、全員の子どもを見渡し、子どもたちが集中するのを待つのも大切です。このようにすることによって、子どもたちに「これから先生は、私に質問をするんだな」という気持ちをもたせ、発問をしっかりと聞こうとする構えをつくらせることができます。

予告してから発問する

今から質問をします
予告する
先生が大事な質問をするんだな。しっかり聞こう

集中しよう
見渡す

大造じいさんの残雪に対する見方はどう変化しましたか？
発問する

発問のルール7

正しく伝わる長さでゆっくりと発問する

発問はできるだけ短く、ゆっくりと話す

発問は、子どもたちに思考活動をさせるためには欠かせないものです。発問のよしあしが、授業の流れを大きく左右するともいわれます。それほど発問は、授業を展開するうえで重要なものです。そのため、教師は発問をするときには、子どもたちがわかりやすいようにすることが大事です。わかりやすくするには、二つのことに気をつけるとよいでしょう。

一つめは、発問が長くならないようにすることです。例えば、物語「スイミー」(光村図書『こくご二上』令和二年度版)で「○○のような」の比喩を読ませようとして、「**くらげのことを『ゼリーのような』とたとえています。『ゼリーのような』とは、どんな様子でしょうか?**」と発問します。この発問は、二つの文からできています。一文めは、「ゼリーのようなくらげ」とたとえが使われていることを説明しています。二文めは、「ゼリーのような」とはどんな様子かを問いかけています。この発問は少し長いので、「**ゼリーとくらげはどこが似ていますか?**」と短く簡潔にします。短くした発問にすれば、子どもたちに正しく伝わります。

二つめは、ゆっくりと話すことです。メリハリのない一本調子の話し方は、発問が伝わりにくくなります。発問だけを意識的にゆっくりと話すと、発問が際立ち、伝わりやすくなります。

発問はできるだけ短くする

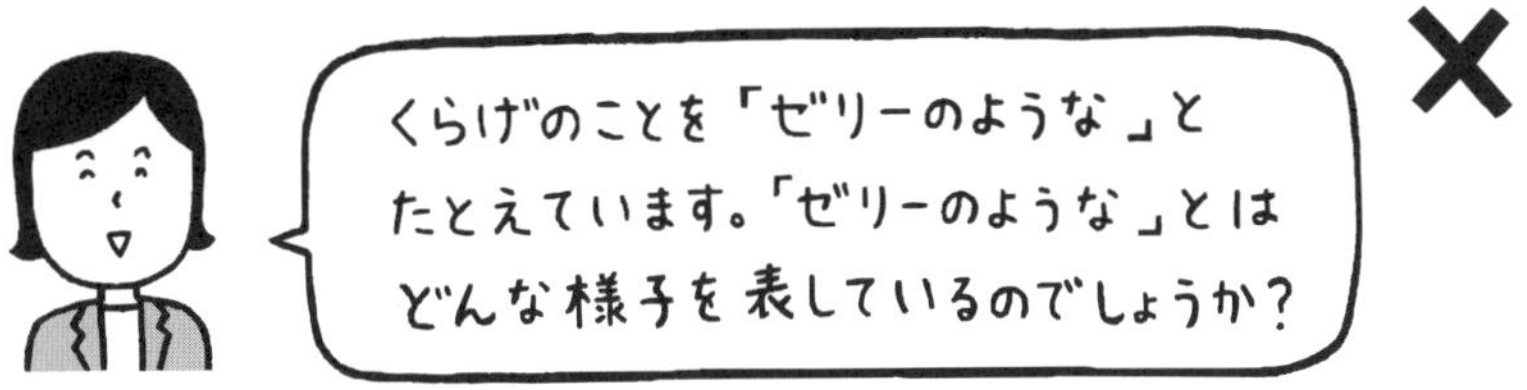
くらげのことを「ゼリーのような」とたとえています。「ゼリーのような」とはどんな様子を表しているのでしょうか？
×

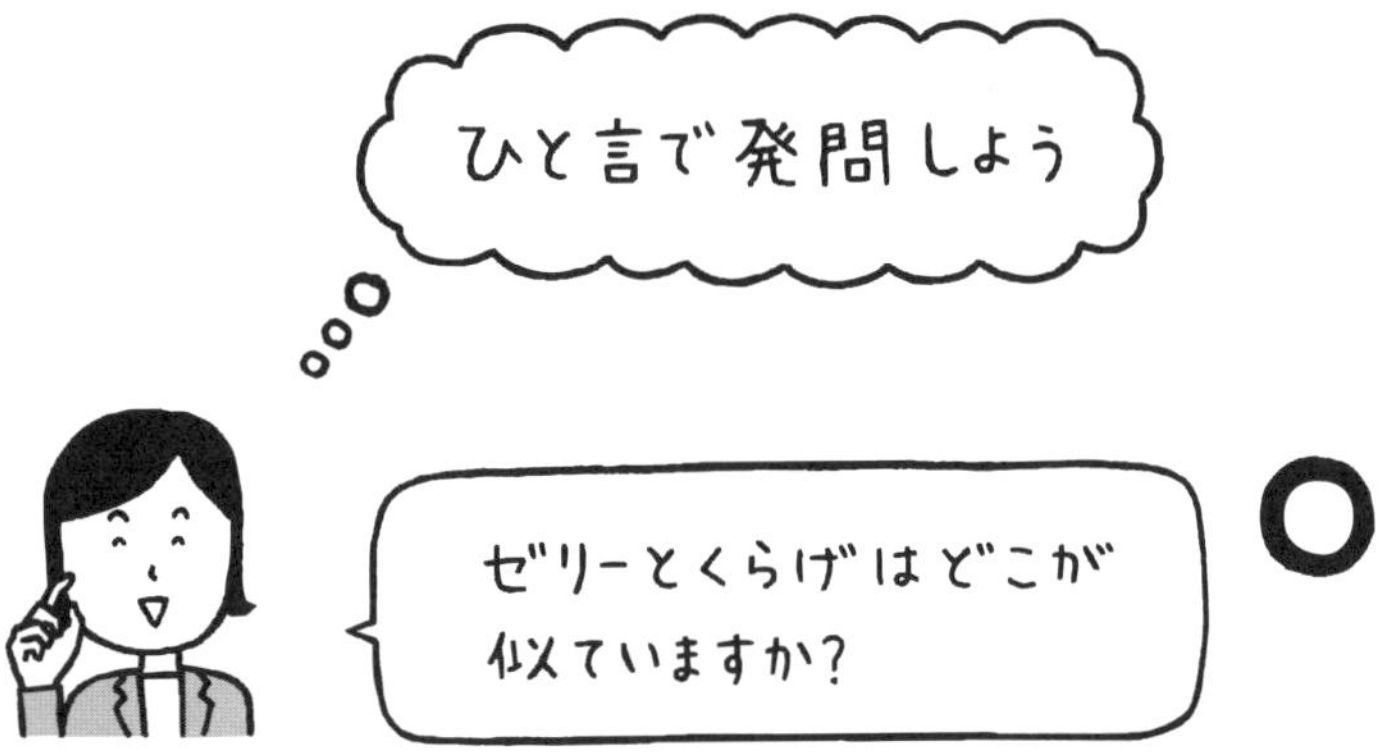
ひと言で発問しよう
ゼリーとくらげはどこが似ていますか？
○

発問はゆっくりと話す

説明は ふつうの速さ
スイミーはくらい海のそこですばらしいものをいっぱい見て、だんだん元気をとりもどしました
発問は ゆっくり
では、どんなすばらしいものを見たのでしょうか？

発問のルール8

一度発問したら、言い換えない、くり返さない

一度の発問で全員の子どもに伝え、言い換えたり、くり返したりしないようにする

発問には、いろいろな種類があります。「子どもたちがすでに知っていることを思い出させる発問」「子どもたちに課題や問題を提示する発問」「子どもたちに自由に考えさせようとする発問」などです。

これらの中でも、子どもたちに課題や問題を提示する発問は、子どもたちが簡単には正答を見つけることがむずかしいものです。子どもたちの顔を見て、むずかしそうな表情をしていると、教師はつい発問を言い換えて、もっとわかりやすくしようとしてしまいます。そうすると最初の発問と微妙にずれてしまい、正答が出てこなくなります。例えば、物語「ごんぎつね」（光村図書『国語四下』令和二年度版）で、「ごんと兵十の関係は、どのように変化しましたか？」と発問しても、子どもたちの反応がよくないので、「**ごんは兵十のことをどう思っていましたか？**」と言い換えます。すると「兵十に親近感をもっていた」「兵十となかよくなりたいと思っていた」などが出てきて、ごんと兵十の関係性の変化に迫ることができなくなってしまいます。発問を言い換えると、かえって混乱してしまうのです。

また、同じ発問をくり返さないことも大切です。同じ発問をくり返すことを何度も続けていると、子どもたちは「先生は同じ発問をくり返してくれるので、一度で聞き取らなくてもいいんだ」と思い込み、知らず知らずのうちに集中力がなくなって気持ちに緩みが出てきてしまいます。

発問したら言い換えない

発問をくり返さない

発問のルール9

最適な立ち位置で発問をしたり、子どもの発言を聞いたりする

●発問するときの立ち位置、子どもの発言を聞くときの立ち位置を工夫する

発問は、一度で全員の子どもに伝えることが大切です。そのためには、発問をするときの教師の立ち位置が重要です。全員の子どもを一度に見渡すことができる最適な立ち位置は、正面黒板の中央です。教師が正面黒板の中央に立ち、全員の子どもが教師のほうを向いて集中しているのを確認してから発問すれば、一度の発問で全員の子どもに伝えることができます。

また、教師の発問についての子どもたちの考えを聞くときの教師の立ち位置も大切です。教師が正面黒板の付近にいつもいると、一斉授業に慣れている教室前方の座席の子どもは、教師に向かって自分の考えを発表するようになり、ほかの子どもたちはそのやりとりから取り残されて傍観者になってしまいます。

そこで、大西忠治氏が『授業つくり上達法』(民衆社)で述べているように、教師は発言する子どもから離れ、発言する子どもとの間に多くの子どもたちを抱え込むような位置に立ちます。このようにすると、前方の座席の子どもは自然と後方を向き、多くの子どもたちのほうを向いて発言するようになります。「みんなのほうを向いて発言しましょう」と言わなくても、教師が立ち位置を変えるだけで、子どもたちが互いの顔を見ながら学び合う授業にすることができます。

発問するときは黒板の中央に立つ

発言する子どもから離れた位置に立つ

発問のルール10

発問と板書・ノートとを連動させる

●主要発問を短く板書し、読み取った板書内容をノートに書き写させる

45分間の授業の中で、本時のねらいを達成するために主要な発問が一〜二つぐらい計画されるのが一般的です。この主要発問は、子どもたちにとっては学習課題になるので、主要発問を短く板書します。例えば、物語「ごんぎつね」（光村図書『国語四下』令和二年度版）で本時のねらいとして、「ごんの兵十に対する思い、兵十のごんに対する思いがそれぞれどのように変容したかについて読み取る」授業では、二つの主要発問をします。まずはじめに、「**ごんの兵十に対する気持ちはどのように変わっていきましたか？　ごんの独り言に注目して考えましょう**」と発問し、「ごんの兵十への思いの変化」と短く板書します。そして、子どもたちが見つけた独り言を、「ちょっ、あんないたずらをしなけりゃよかった。」（こうかい）→「おれと同じ、ひとりぼっちの兵十か。」（親しみ）→「へえ、こいつはつまらないな。」（つながりたい）と板書します。

次に、「**兵十のごんに対する気持ちはどのように変わりましたか？　兵十の言葉に注目して考えましょう**」と発問し、「兵十のごんへの思いの変化」と短く板書します。そして、「ぬすみやがった」「ごんぎつねめ」「ようし。」「ドンとうちました。」（にくしみ）→「ごん」（親しみ）、「おまい」（人間みたい）と子どもたちが見つけた言葉を板書します。

最後に、読み取った板書内容をノートに書き写させます。このように発問と板書・ノートとを連動させることが大切です。

主要発問を短く板書し、読み取った板書内容をノートに書き写させる

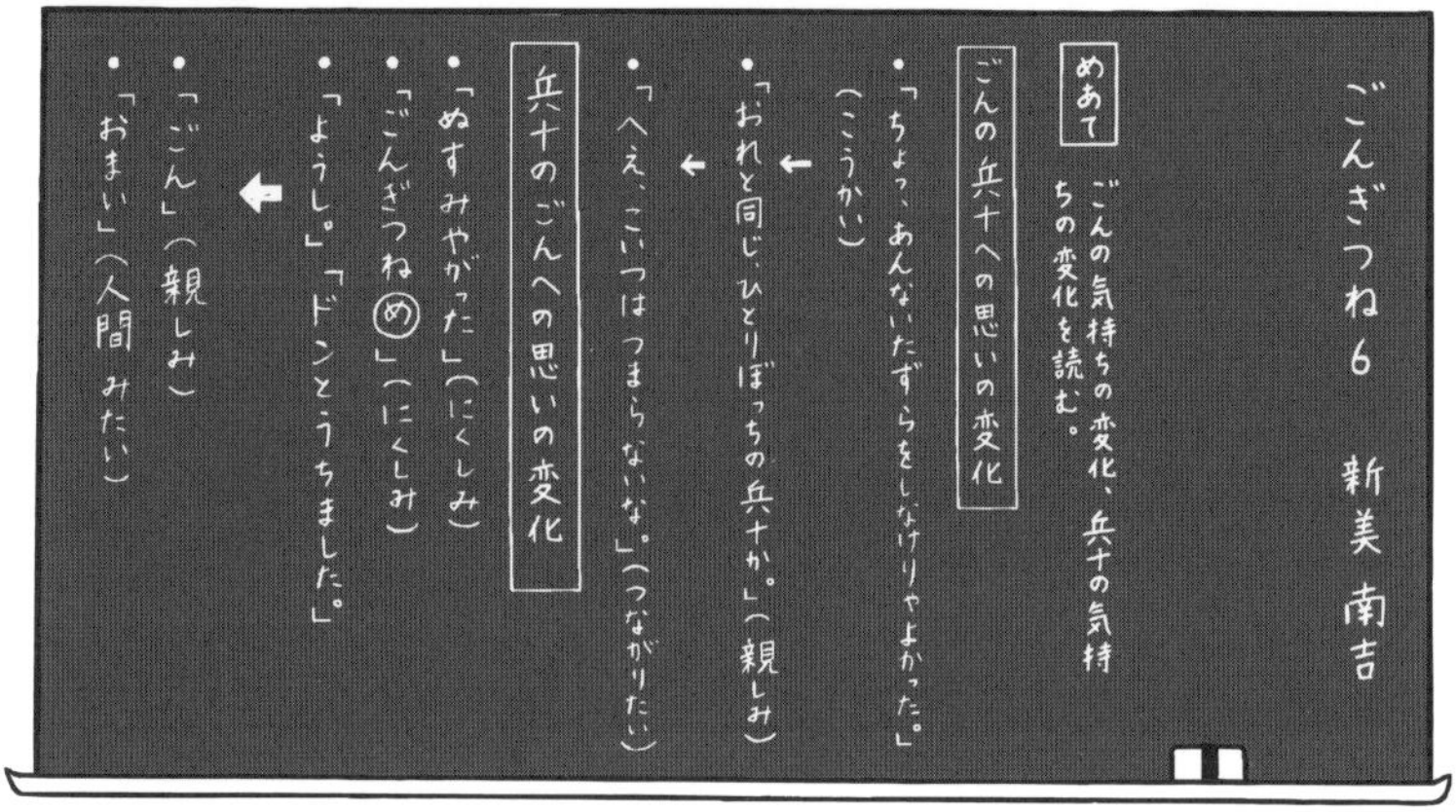

Column 1

「発問」「指示」「説明」のはたらきのちがいを知り、使い分ける

授業において教師の話す言葉をよく吟味してみると、「発問」「指示」「説明」の三種類があり、それぞれ役割がちがいます。発問は、子どもたちの思考にはたらきかけます。指示は、子どもたちの行動にはたらきかけます。そして、説明は、子どもたちの思考にも行動にもはたらきかけます。教師はこのちがいをよく自覚して、子どもたちに話すことが大切です。

学習課題に対して発問したほうがよいのか、それとも説明したほうがよいのか、あるいは指示したほうがよいのかは、学習課題の内容と照らし合わせて選ぶようにします。

学習課題について子どもたちにじっくり思考させたい場合は、発問したほうがよいでしょう。発問をうけて、子どもたちが答え、その答えをめぐって子どもたちで話し合いが行われ、なんらかの結論を導き出すことができるからです。

学習課題がむずかしくて理解しにくい内容をもっている場合は、発問して子どもたちに考えさせるよりは、説明したほうがよいでしょう。話し合いが深まらないものを話し合わせるよりも、教師がわかりやすく説明したほうが理解しやすいからです。

第 2 章

国語授業がみるみる活気づく！発問づくりの成功ポイント

発問づくりのポイント1

興味・関心をもたせる「問い」にする

●段落の順序を変えて、興味・関心をもたせる

授業は、「導入」→「展開」→「終末」と進めていくのが一般的です。とくに、導入では子どもたちに「おもしろそうだな」「早く勉強したいな」という思いをもたせることが大切です。しかし、導入を工夫しないで、「教科書の○ページを開きましょう。今日は○○の勉強をします」というように授業を始めると、子どもたちには学習内容に興味・関心をもたせることができません。

そこで、子どもたちが「あれ、ちょっと変だな?」と思う内容を示して、興味・関心をもたせるようにします。例えば、説明文「どうぶつ園のじゅうい」(光村図書『こくご二上』令和二年度版)では、順序に気をつけて読むことが大切です。ここでは、時を表す言葉が各段落の最初に書かれていることに着目して、教科書の文章とはちがう順序で次のように事例カードを黒板に並べます。

ア「一日のおわりには、――」→イ「お昼前に、――」→ウ「朝、見回りをします。」→エ「夕方、ペンギンの手当てをします。」→オ「見回りがおわるころ、――」

子どもたちは、「あれ、順番がちがう!」と思い、事例カードの順序に関心をもちます。そこで、「**どんな順番が正しいですか?**」と発問し、子どもたちに考えさせます。そして、ウ→オ→イ→エ→アの順に事例カードを並び替えていきます。

段落の順序を変えて、興味・関心をもたせる

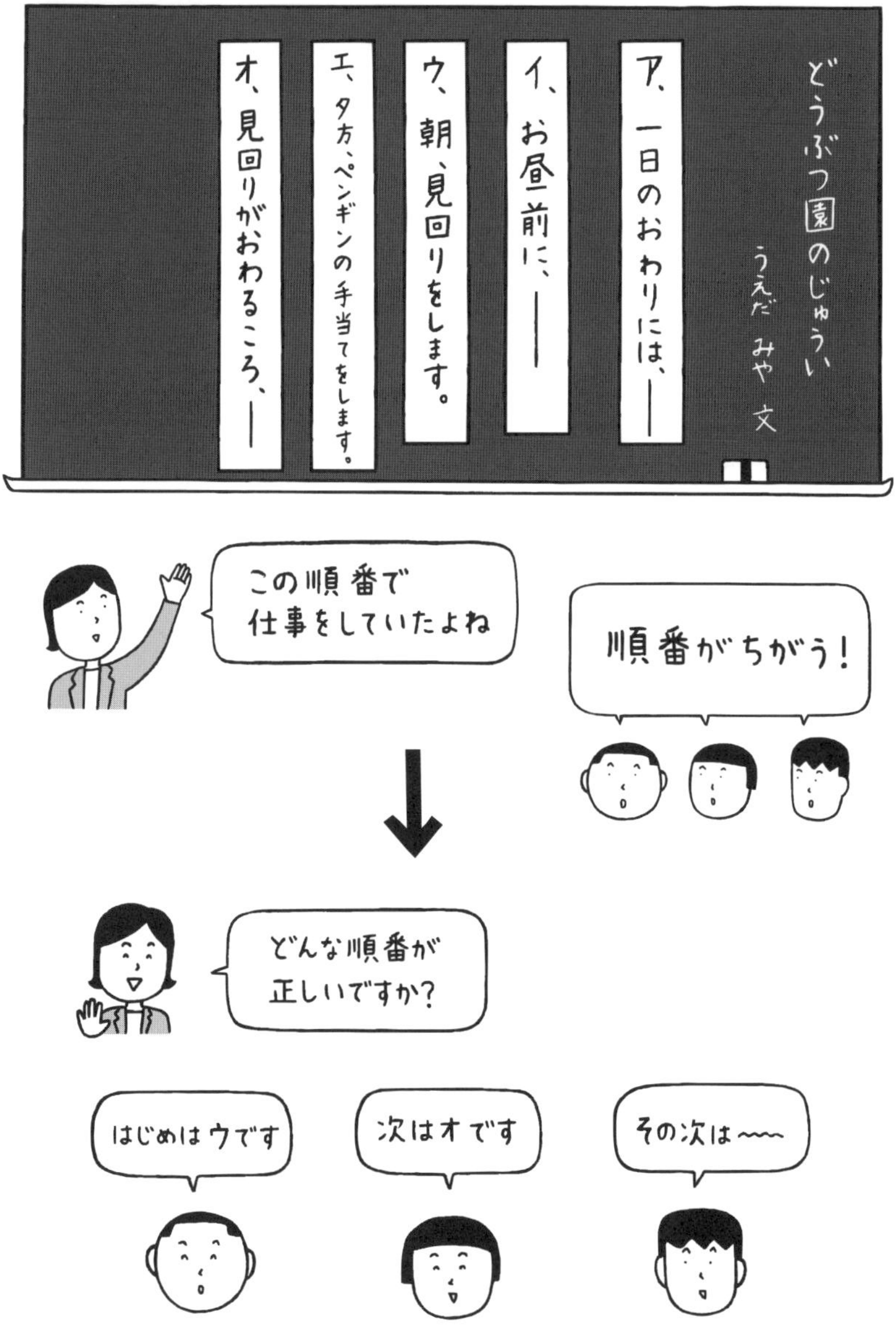

発問づくりのポイント2

記憶を再生させる「問い」にする

動かない発問で前時までの学習内容を思い出させ、本時の学習内容とつなげる

一つの単元の学習時間は、6～8時間ぐらいが一般的です。なかには、学習時間が10時間以上の単元もあります。したがって、前時までの学習内容と本時の学習内容とのつながりを考えて授業展開をすることが大事です。つながりをスムーズにするには、前時までの学習内容を思い出させる発問（動かない発問）をするとよいでしょう。

例えば、説明文「すがたをかえる大豆」（光村図書『国語三下』令和二年度版）で、前時に「**大豆をおいしく食べるくふう**」を読み取っていたら、本時では、「**大豆をおいしく食べるくふうはいくつありましたか？**」と発問（動かない発問）をして、記憶を再生させます。子どもたちが「五つです」と答えたら、さらに「**五つのくふうの順番を思い出しましょう。一番目のくふうはなんでしたか？**」と発問し、続けて「**二番目のくふうはなんでしたか？**」「**三番目のくふうはなんでしたか？**」「**四番目のくふうはなんでしたか？**」「**五番目のくふうはなんでしたか？**」と発問します。いったりにたりするくふう→こなにひくくふう→えいようを取り出すくふう→小さな生物の力をかりるくふう→とり入れ時期や育て方のくふうを確認します。そして、本時の学習内容である「**五つのくふうがどんな順番で書かれているか？**」（大きな発問）につなげていきます。

動かない発問で前時までの学習内容を思い出させ、本時の学習内容とつなげる

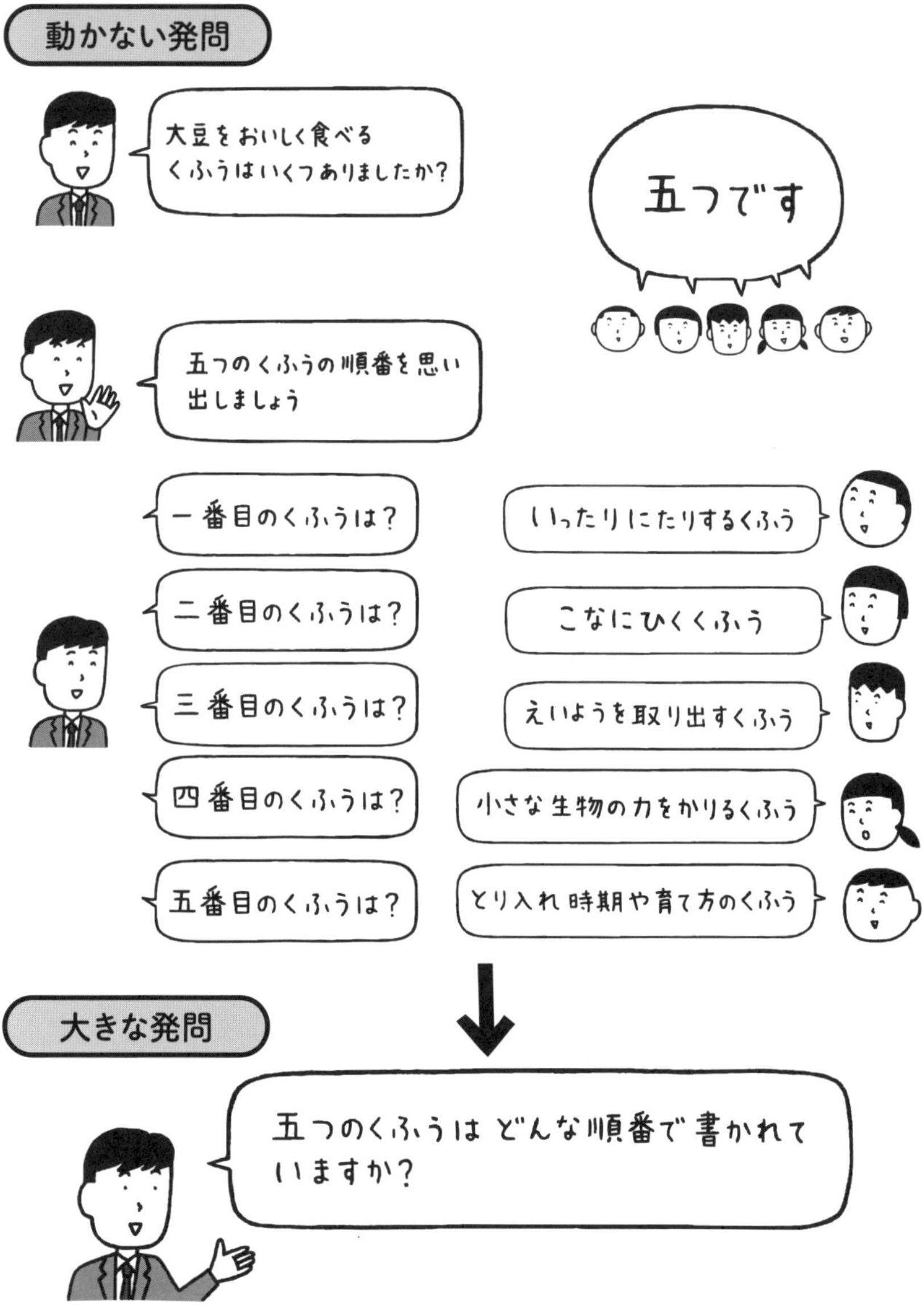

発問づくりのポイント3

資料を読み取らせる「問い」にする（説明文）

●文章と資料を結びつけて、事柄を読み取らせる

説明文は、ある事柄についてよくわかっている筆者が、読み手にわかりやすく説明するものです。ですから、できるだけわかりやすくするために、図や表、グラフ、写真、挿絵などの資料を文章と一緒に載せています。したがって、資料と文章を対応させながら読み取らせる発問をします。例えば、説明文「じどう車くらべ」（光村図書『こくご一下』令和二年度版）には、トラックがどんな仕事をしていて、そのためにどんなつくりになっているかが、挿絵と一緒に次のように書かれています。

「トラックは、にもつを　はこぶ　しごとを　して　います。／その　ために、うんてんせきの　ほかは、ひろい　にだいに　なって　います。／おもい　にもつを　のせる　トラックには、タイヤが　たくさん　ついて　います。」

そこで、「**『ひろい　にだいに　なって　います。』と書いてありますが、大きな箱がいくつ積まれていますか？**」と発問します。そして、子どもたちに18箱の大きな箱が積まれていることを挿絵から読み取らせます。また、「**『タイヤが　たくさん　ついて　います。』と書いてありますが、タイヤはいくつついていますか？**」と発問します。そして、子どもたちに10個のタイヤがついていることを挿絵から読み取らせ、「ひろいにだい」「たくさんのタイヤ」の具体像をはっきりさせます。このように、文章と挿絵を結びつけて読み取らせます。

文章と資料を結びつけて、事柄を読み取らせる

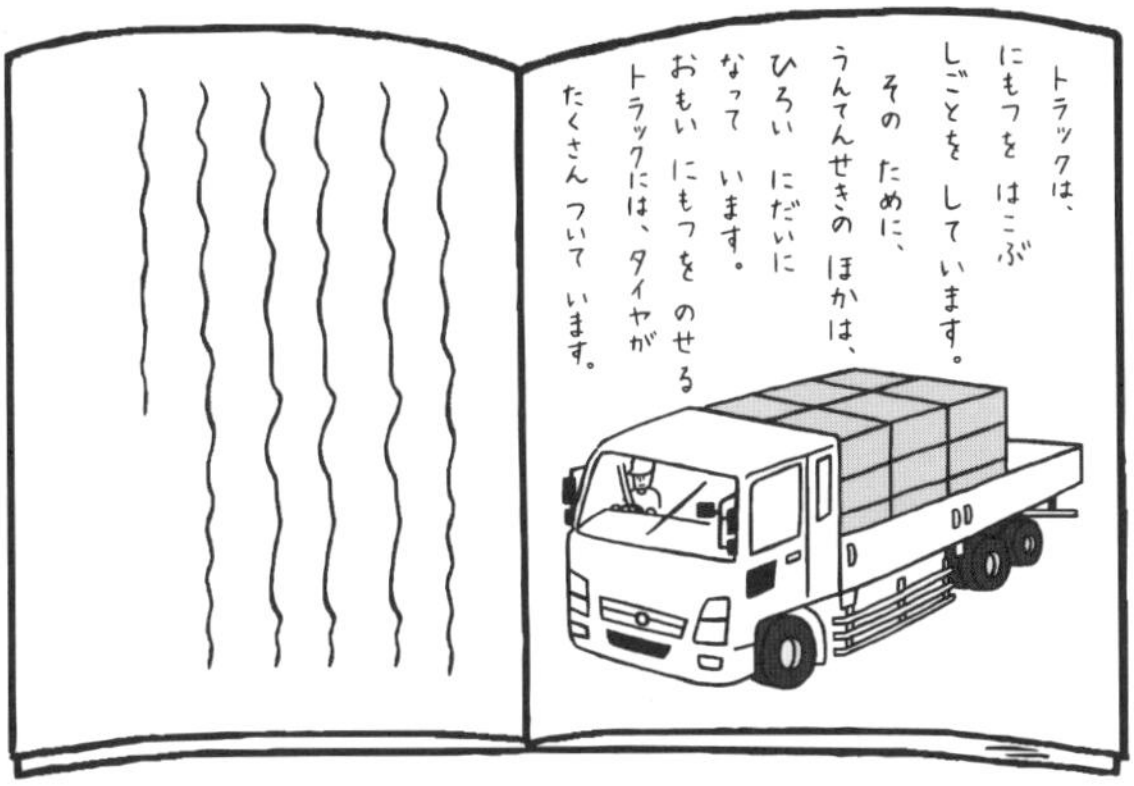

発問づくりのポイント4

挿絵を読み取らせる「問い」にする（物語）

●二枚の挿絵を見せて、ちがいや共通点を見つけさせる

説明文には、文章をわかりやすくするために挿絵や写真が載っていますが、物語にも挿絵が載っていて、文章内容を読み取る際の助けになっています。挿絵を提示しながら発問すると、子どもたちを瞬時に集中させることができます。

例えば、物語「お手紙」（光村図書『こくご二下』令和二年度版）には、がまくんとかえるくんがかなしそうに手を組んでいる挿絵とうれしそうに肩を組んでいる挿絵があります。これらの挿絵は、中心人物の気持ちの変化をはじめとおわりで対比的に描いています。

そこで、この二枚の挿絵を見せて、**「二つの絵のちがうところはどこですか？　また、同じところはどこですか？」**と発問します。どちらの挿絵も、がまくんとかえるくんが玄関の前に腰を下ろしています。ちがうのは、表情や手・肩の組み方です。子どもたちは、挿絵をじっと見つめ、ちがいや共通点を探し始め、授業に集中します。「はじめの絵はかなしそうで、おわりの絵はうれしそう」「はじめの絵は手を組んでいて、おわりの絵は肩を組んでいる」「座っている場所が同じ」などの意見が出てきます。このように、二枚の挿絵を見比べることによって、がまくんとかえるくんの気持ちの変化に気づき、「何があったのかな？」と問いをもち、「詳しく読んでみたい」という読む動機づけを子どもたちに図ることができます。

二枚の挿絵を見せて、ちがいや共通点を見つけさせる

はじめの絵

おわりの絵

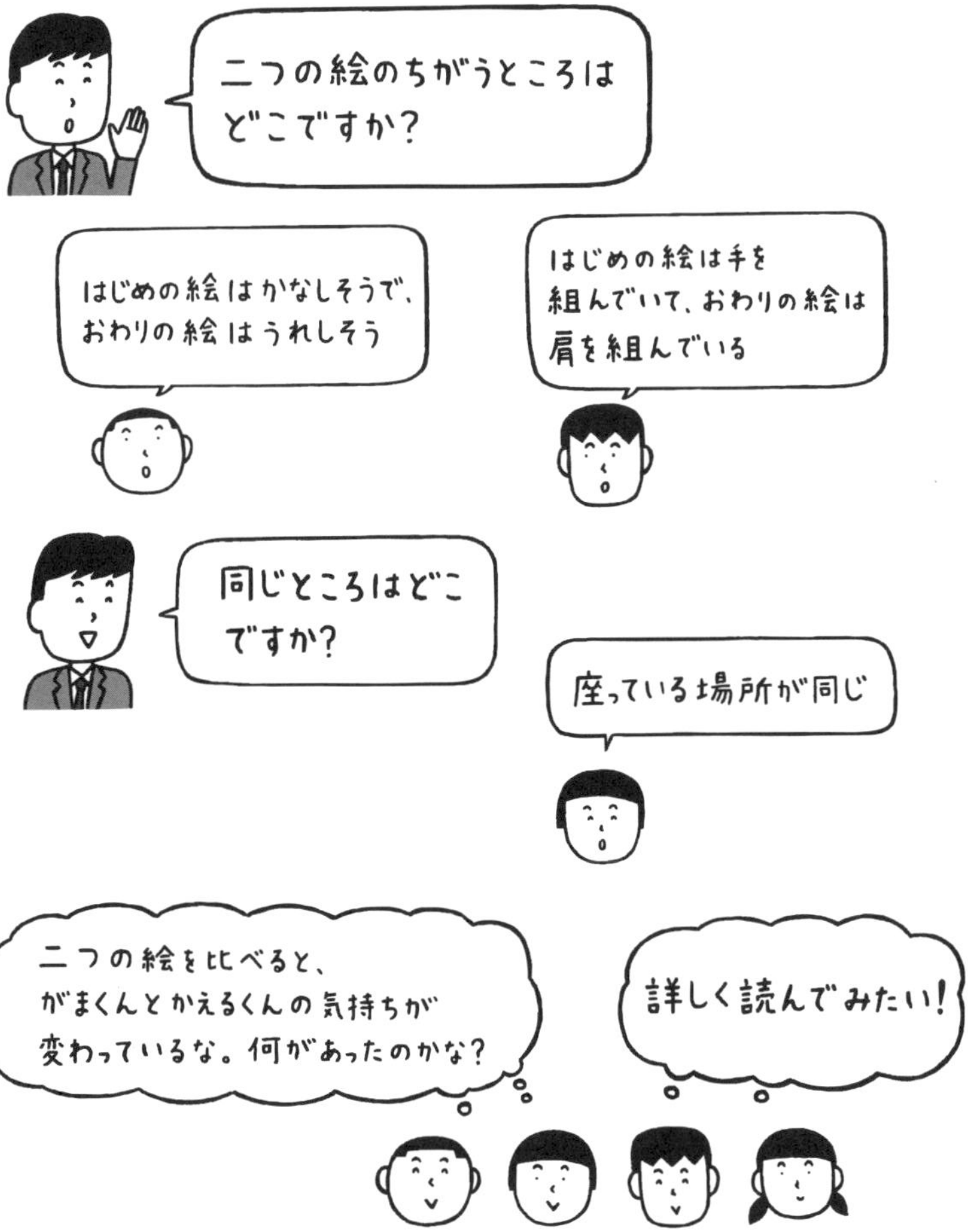
二つの絵のちがうところはどこですか？
はじめの絵はかなしそうで、おわりの絵はうれしそう
はじめの絵は手を組んでいて、おわりの絵は肩を組んでいる
同じところはどこですか？
座っている場所が同じ
二つの絵を比べると、がまくんとかえるくんの気持ちが変わっているな。何があったのかな？
詳しく読んでみたい！

発問づくりのポイント 5

イメージ化させる「問い」にする（物語）

●声と簡単な体の動きとで音読劇を行い、イメージ化させる

物語の内容を読み取る際に、頭の中で考えるだけではうまくいかないことがあります。そのようなときには、登場人物になりきって会話文を音読したり、動作化したりすると、イメージがはっきりして内容をしっかり読み取ることができます。

例えば、物語「お手紙」（光村図書『こくご二下』令和二年度版）の読み取りでは、がまくんとかえるくんになりきってペアで音読劇をします。音読劇とは、声と簡単な体の動きとで物語を表現することです。

がまくんが玄関の前にすわって、お手紙が来るのを待っている次の場面を音読劇にしてみます。

「だれも、ぼくに　お手紙なんか　くれたことがないんだ。（中略）お手紙を　まっているときが　かなしいのは、そのためなのさ。」

「この場面をどのように読むといいですか？」「どんな動きをするといいですか？」と発問して、子どもたちに読み方や動きを考えさせ、音読劇をやらせます。音読劇を通してがまくんの気持ちをイメージ化することができ、読み取りを深めることができます。

声と簡単な体の動きとで音読劇を行い、イメージ化させる

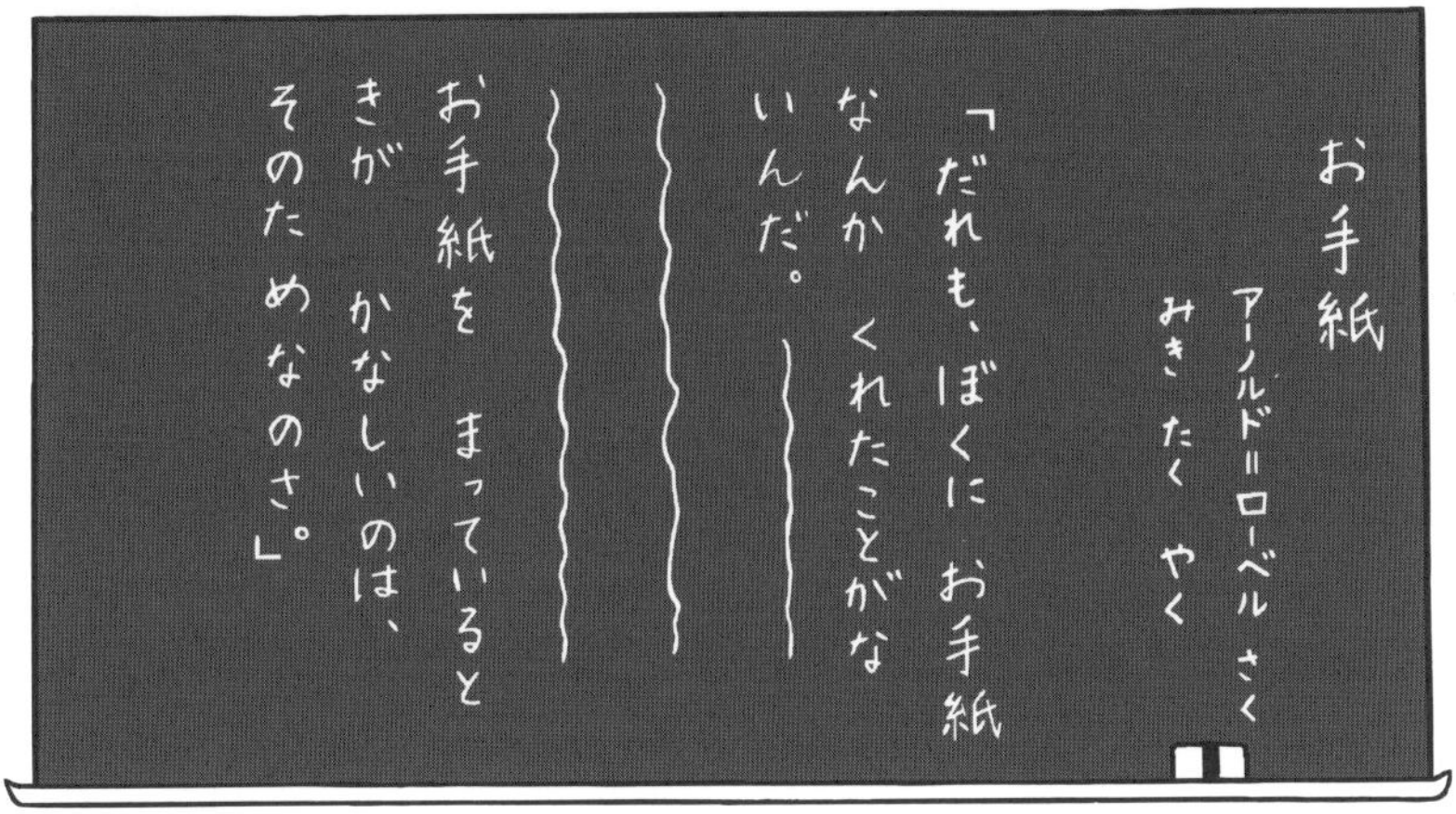
お手紙
アーノルド＝ローベル さく
みき たく やく
「だれも、ぼくに お手紙なんか くれたことがないんだ。
お手紙を まっているときが かなしいのは、そのためなのさ。」

この場面をどのように読むといいですか？
「だれも、ぼくに お手紙なんか くれたことがないんだ。」はかなしそうに読むといいな

どんな動きをするといいですか？
「お手紙を まっているときが かなしいのは、そのためなのさ。」はかえるくんを見て言うといいな

発問づくりのポイント 6

学習課題を再考させる「問い」にする

●再考させることによって、新たな発見をさせる

国語力が身につく授業にするには、子どもたちに深く思考させる発問をすることが大切です。学習課題について子どもたちが再考し、意見交流や話し合いをすると、一人ではなしえない多様な学び、深い学びを体験することができ、新たな発見が生まれます。

例えば、物語「スイミー」（光村図書『こくご二上』令和二年度版）で、「**スイミーが、『ぼくが、目に　なろう。』と言ったのは、なぜですか？**」と発問すると、子どもたちは「『みんなが、一ぴきの大きな　魚みたいに　およげるように　なった』から」とすぐに答えます。しかし、この答えでは深く読み取ったことにはなりません。そこで、「**『魚みたいに　およげる』とは、どのように泳げることですか？**」と発問し、具体的な泳ぎについてもう一度考えさせます。すると、子どもたちから「尾びれを左右に動かしている」「口を開けたり閉じたりしている」「上の方へ泳いだり、下の方へ泳いだりしている」「泳ぐ方向を変えたりしている」などの意見が出てきます。

次に、スイミーが小さな赤い魚たちに教えた「はなればなれに　ならない　こと。」「みんな、もちばを　まもる　こと。」とつなげて考えさせます。この二つのことを守りながら、魚みたいに泳ぐのは、とてもむずかしく、たくさん練習しなければならないこと、時間がかかること、リーダーの指導力が必要なことを読み取らせます。

再考させることによって、新たな発見をさせる

スイミーが、「ぼくが、目に　なろう。」と言ったのは、なぜですか？
「みんなが、一ぴきの　大きな　魚みたいに　およげるように　なった」から
再考させる発問①
「魚みたいに　およげる」とは、どのように泳げることですか？
尾びれを左右に動かしている
口を開けたり閉じたりしている
泳ぐ方向を変えたりしている
再考させる発問②
「はなればなれに　ならない　こと。」「みんな、もちばを　まもる　こと。」を守りながら、魚みたいに泳げるようになるには？
新たな発見
とてもむずかしい
たくさん練習しないといけない
時間がかかる
リーダーがいないといけない

発問づくりのポイント 7

子どもの思考の流れに沿った「問い」にする

●子どもたちが疑問に思うことを順序よく発問して、授業に引き込む

物語の内容を読み取らせる際には、順序よく読み進めている子どもたちの思考の流れに沿って問いかけると、子どもたちを無理なく授業内容に引き込むことができます。例えば、物語「お手紙」（光村図書『こくご二下』令和二年度版）を読んでいくと、いくつもの謎が出てきます。

・がまくんには、すでにかえるくんという友だちがいるのに、なぜお手紙がほしいのか。
・なぜ、かえるくんは、自分でお手紙を届けずに、かたつむりくんに頼んだのか。
・なぜ、かえるくんは、足の遅いかたつむりくんに頼んだのか。
・なぜ、かえるくんは、自分が手紙を出したことや手紙の中身をがまくんに教えたのか。
・がまくんは手紙を出した相手やその中身も知っているのに、なぜ、手紙が届くのを待っているのか。

そこで、子どもたちが疑問に思うと想定されることを順序よく発問して、子どもたちを授業に引き込みます。「**なぜ、がまくんは、お手紙をほしいのですか？**」と発問することで、子どもたちはこの謎を解いていこうとします。そして、「**なぜ、かえるくんは、自分でお手紙を届けなかったのですか？**」「**なぜ、足の遅いかたつむりくんに頼んだのですか？**」と発問することで、ますます謎解きの世界に子どもたちを導くことができます。

子どもたちが疑問に思うことを順序よく発問して、授業に引き込む

発問づくりのポイント8

全員参加をつくり出す「問い」にする

●誰でも答えることができる発問をする

自分の考えに自信がないときには、「わかる人！」とよびかけても、一部の子どもしか挙手しません。とくに、高学年になると、教師が発問しても積極的に挙手をして発言する子どもが限られ、わかっていても挙手しない消極的な子どもが増えてきます。それは、自分の考えに自信をもてなかったり、まちがえたら恥ずかしいという気持ちになったりするからです。一方、低学年の子どもは、45分間ずっと続けて授業に主体的に参加することがむずかしく、途中で集中力がなくなってきます。

そこで、授業への全員参加をつくりだすために、子どもたちが自信をもって答えることができる発問をタイミングよくするようにします。教科書やノートに答えが書いてあって、よく見れば誰でも答えることができる発問ならば、子どもたちはどんどん挙手して発言するようになります。

例えば、低学年の子どもが集中力がなくなってきたら、「**スイミーの体は何色ですか?**」「**小さな魚のきょうだいたちの体は何色ですか?**」などと発問します。すると、子どもたちはこれらの発問によってまた授業に集中するようになります。高学年の場合では、「**大造じいさんがガンをつかまえるために行った最初の作戦はなんでしたか?**」「**二回目の作戦はなんでしたか?**」「**三回目の作戦はなんでしたか?**」と発問して、子どもたちにウナギつりばり作戦、タニシばらまき作戦、おとりのガン作戦と答えさせて、全員参加をつくり出します。

誰でも答えることができる発問をする

低学年

スイミーの体は
何色ですか？
まっくろです
小さな魚のきょうだい
たちの体は何色ですか？
赤です

高学年

大造じいさんがガンを
つかまえるために行った
最初の作戦はなんでしたか？
ウナギつりばり
作戦です
二回目の作戦は
なんでしたか？
タニシばらまき
作戦です

発問づくりのポイント9

ペアで話し合いをさせる「問い」にする

●ペアでの話し合いをスムーズに行うことができるようにする

教師が発問しても、発言するのが恥ずかしくて発言しない子、発言内容に自信がなくて発言しない子がたくさんいます。このようなときには、ペアで話し合わせるようにします。自分の考えに自信がなくても気軽に話すことができるからです。その際には、個人で考える時間をとってから話し合わせることが大切です。

例えば、物語「大造《だいぞう》じいさんとガン」（光村図書『国語五』令和二年度版）の「大造じいさんは、強く心を打たれて、ただの鳥に対しているような気がしませんでした。」の読み取りで、「**大造じいさんは残雪のどんな姿に強く心を打たれましたか？　ペアで話し合いましょう**」と発問します。

「残雪がハヤブサにぶつかっていって戦っている姿」「残雪が長い首を持ち上げて、じいさんを正面からにらみつける姿」「残雪がじたばたさわがない姿」などの考えを出させ、どんどん交流させます。

ペアで考えを交流するときには、次のようなルールつくっておくと、スムーズにいきます。

- 一人だけで話すのではなく、二人とも話す
- 沈黙の時間をつくらずに、どんどん話す
- 「わたしは○○だと思います。その理由《わけ》は……だからです」という話型で話す
- 話型を意識しすぎてうまく話せないときは、日常的なおしゃべりのように話す

ペアでの話し合いをスムーズに行うことができるようにする

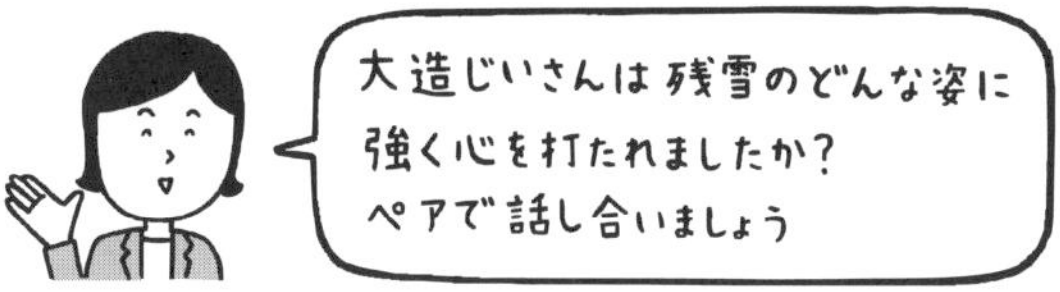
大造じいさんは残雪のどんな姿に
強く心を打たれましたか?
ペアで話し合いましょう

一人だけで話すのではなく、二人とも話す

×
○

沈黙の時間をつくらずに、どんどん話す

×
シーン
……
○

話型で話す

「ぼくは○○だと思います。
そのわけ(理由)は、
…… だからです」

話型を意識しすぎてうまく話せないときは、
日常的なおしゃべりのように話す

あのね、
わたしは〜
その考えいいね。
ぼくも賛成だよ

発問づくりのポイント10

個別学習からグループ学習・全体学習へと導く「問い」にする

●学習課題について個別学習からグループ学習・全体学習へと導く

全員の子どもが「主体的・対話的で深い学び」を実現する授業にするには、「教師――子ども」の問答中心の授業ではうまくいきません。全員の子どもが学び合い、高め合うことができる授業にするには、授業の中に「①グループでの学び合い」と「②学級全体での学び合い」を設定することが必要です。そこで、まず学習課題について一人ひとりの子どもに考えさせたあとに、グループで話し合わせます。それは、グループでの話し合いによって、考えを広げたり深めたりすることができるからです。

例えば、説明文「おにごっこ」（光村図書『こくご二下』令和二年度版）で「はじめ」「なか」「おわり」に分けさせたあとに、**『なか』はいくつに分けられますか？　自分で考えたあとにグループで話し合いましょう**」と発問します。「なか」のうち、④段落は、おにが交替せずに、つかまった人がみんなおにになる遊び方を説明しています。一方、⑤段落は、おにが増えても逃げる人をつかまえにくくするために、おにになった人は、みんな手をつないで追いかける遊び方を説明しています。⑤段落の遊び方を④段落とちがう遊び方とするのか、同じ遊び方としてまとめるのかをめぐって、子どもたちは迷い揺れます。そして、この説明文で紹介しているのは、三つの遊び方か四つの遊び方かで考えが分かれます。グループでの話し合いの次は、「**④段落と⑤段落はちがう遊び方ですか？　同じ遊び方ですか？**」と発問し、グループとしての考えを学級全体に発表させ、討論をさせます。そして、子どもたちの力で学習課題を解決していくようにします。

学習課題について個別学習からグループ学習・全体学習へと導く

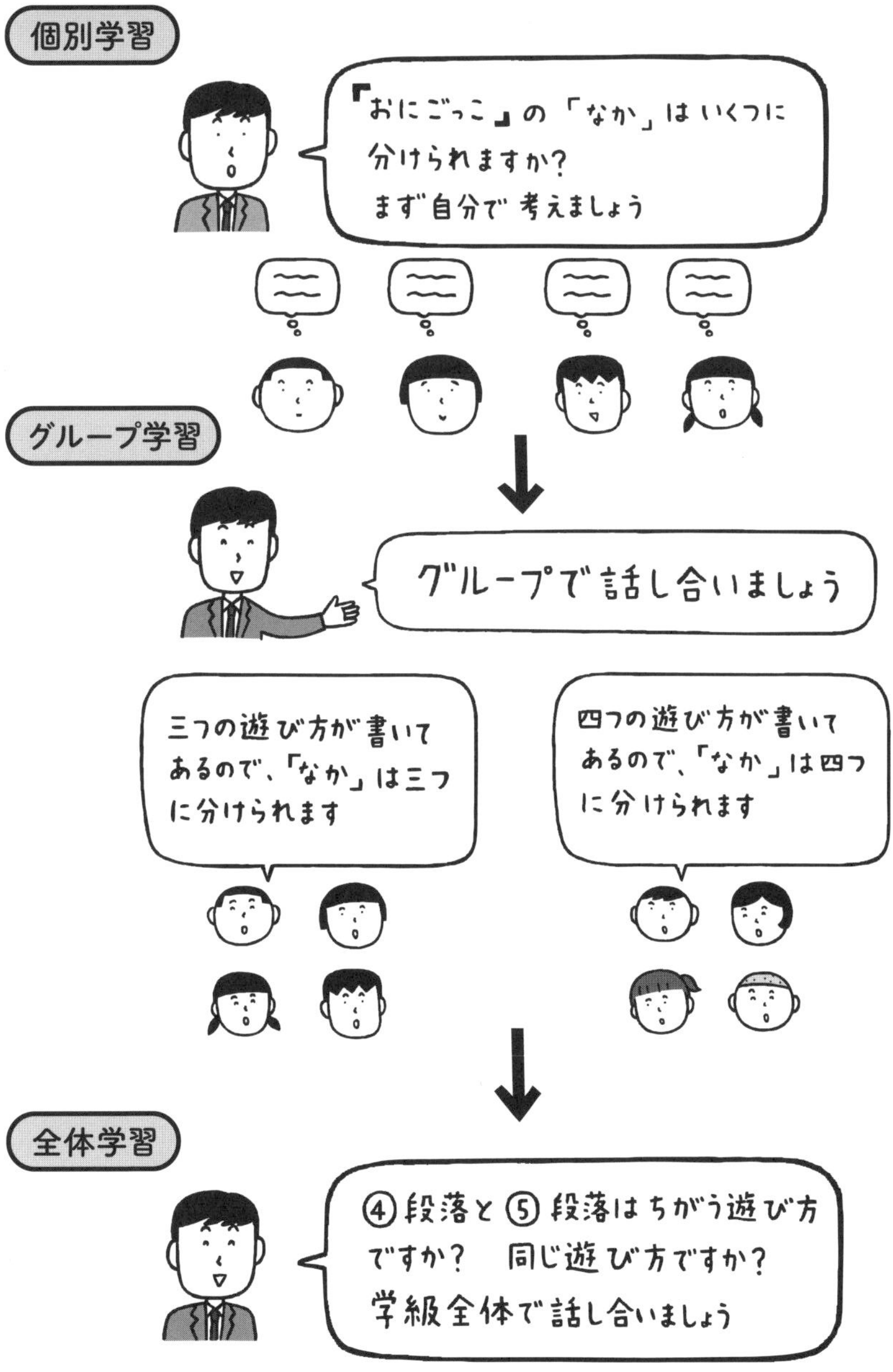

Column 2

発問によって授業に引き込んだり、思考力を育てたり、学習意欲を高めたりする

　説明をしっかりと聞かせて理解させるほうが授業効率はよいのですが、それでは子どもたちは受け身的な姿勢になってしまいます。授業では、子どもたちから能動的な姿勢を引き出すことが大切です。子どもたちに説明する内容をわざわざ問いかける形にすることによって、子どもたちからたくさんの発言を引き出し、その考えをめぐって子どもたちの間で話し合いが行われ、授業へと引き込むことができます。

　また、発問は子どもたちの思考にはたらきかけるので、子どもたちの思考力を育てることもできます。すなわち、教師に問いかけられることによって、子どもたちはいろいろと考え、自分なりに一つの考えをもとうとします。この思考過程によって、文章の組み立てを考える力、筋道を立てて考える力、比較してものごとを考える力などが備わってきます。例えば、比較してものごとを考える力を鍛えようとするならば、「ＡとＢはどうちがいますか？」と発問するのです。

　さらに、発問は学習意欲を高めることもできます。教師が発問することによって、子どもたちは自分なりの考えをもちます。その考えを発表し合うことで、自分の考えに自信をもったり、自分では思いつかない考えに気づいたりして、学習意欲を高めていきます。

第 3 章

思考力を
どんどんゆさぶる！
発問の展開術

展開のポイント1

「めあて」を確認し、授業のゴールを意識化させる

●「めあて」を確認して、授業への構えをつくる

本時の学習課題は、「めあて」という言葉で授業のはじめに黒板の右側に板書されるのが一般的です。それは、これから始まる授業がどこに向かって進んでいくのかを示すものだからです。「めあて」は授業の羅針盤のようなものです。これを板書することによって、子どもたちは授業でどのような内容をつかめばよいかがはっきりとわかり、授業のゴールを意識することができます。

そこで、授業の導入場面では「めあて」を板書し、**「今日の学習のめあてはなんですか?」**と発問し、子どもたちに一斉返答させます。例えば、物語「大造《だいぞう》じいさんとガン」(光村図書『国語五』令和二年度版)で、本時の「めあて」が「大造じいさんの残雪に対する見方の変化を読む」の場合は、このめあてを声に出して一斉返答させます。

このことにより、子どもたちは「ウナギつりばり作戦のときは、残雪のことをどう見ていたのかな?」「タニシばらまき作戦のときは、残雪のことをどう見ていたのかな?」「おとりのガン作戦のときは、残雪のことをどう見ていたのかな?」と焦点化して考えることができ、授業がどこに向かって進んでいくのかをつかむことができます。

「めあて」を確認して、授業への構えをつくる

展開のポイント2

一斉返答をさせて、定着度をつかむ

一斉返答をさせて、定着度をつかんだり集中力を高めたりする

発問には、課題や問題を子どもたちに提示するものばかりではなく、子どもたちがすでに知っていることを思い出させたり、整理したりするものもあります。そういった発問のときには、個人を指名して答えさせるのではなく、一斉に返答をさせます。それは、子どもたちにどれくらい学習内容が定着しているかを把握することができるからです。

例えば、物語の基本構成を確認するときには、「**物語の文章構成は？**」と、語尾を少し上げて発問し、子どもたちに間をあけず、一斉に声に出させて返答させます。子どもたちが声をそろえて、「導入部（まえばなし）――展開部――山場――終結部（あとばなし）」と答えれば、学習内容が定着していることがわかります。反対に、少しの返答しかなければ、定着していないことがわかります。

発問に対して一斉返答をさせるよさは、学習内容の定着度を把握できるだけではなく、声を出すことで授業への集中力を高めることができることです。授業の導入場面で一斉返答をさせることで、既習事項を思い出させ、子どもたちを授業に集中させることができます。また、授業の終末場面で一斉返答をさせると、子どもたちを授業に集中させ、定着させたい学習内容を子どもたちにつかませることができます。

ところで、一斉返答をさせるときには、注意が必要です。なんでも一斉返答をさせるのではなく、子どもたちに定着させたい重要な事柄（言葉や語句など）に限定します。

一斉返答をさせて、定着度をつかむ

一斉返答をさせて、集中力を高める

展開のポイント3

予想させる

予想させて、読みを深めさせる

読解力を育てるには、「物語がどう展開していくか、読んでみたいな」という興味・関心をもたせたり、「物語の結末を、早く確かめてみたいな」という気持ちをもたせたりすることが大切です。子どもたちが物語をただ漠然と読んでいるだけでは、何も気づきませんが、事件の展開を予想しながら読ませると、いろいろなことが読めてきて、思考力を深めることができます。

例えば、「お手紙」(光村図書『こくご二下』令和二年度版)には、かえるくんががまくんに手紙を書き、それを知り合いのかたつむりくんに届けるように頼む場面があります。そこで、「**かたつむりくんががまくんに手紙を届けるのに、どのくらい日にちがかかると思いますか？**」と発問し、手紙が届くまでの日数を予想させます。子どもたちからいろいろな日数が出たあとに最後の場面を読み、四日かかったことを確かめます。すると、「かえるくんは、なぜ足の遅いかたつむりくんに配達を頼んだのか？」「自分で手紙を届ければ早く確実に届くのに、なぜかえるくんはかたつむりくんに配達を頼んだのか？」といった疑問がわいてきます。手紙が届くまでの日数を予想させることによって、「四日間」が物語の展開に大きく関係していることがわかってきます。すなわち、手紙がなかなか届かないので、かえるくんはがまくんに自分が手紙を出したことを告白し、手紙の中身までがまくんに教えてしまうのです。そして、二人でうれしい時間を共有することになります。

予想させて、読みを深めさせる

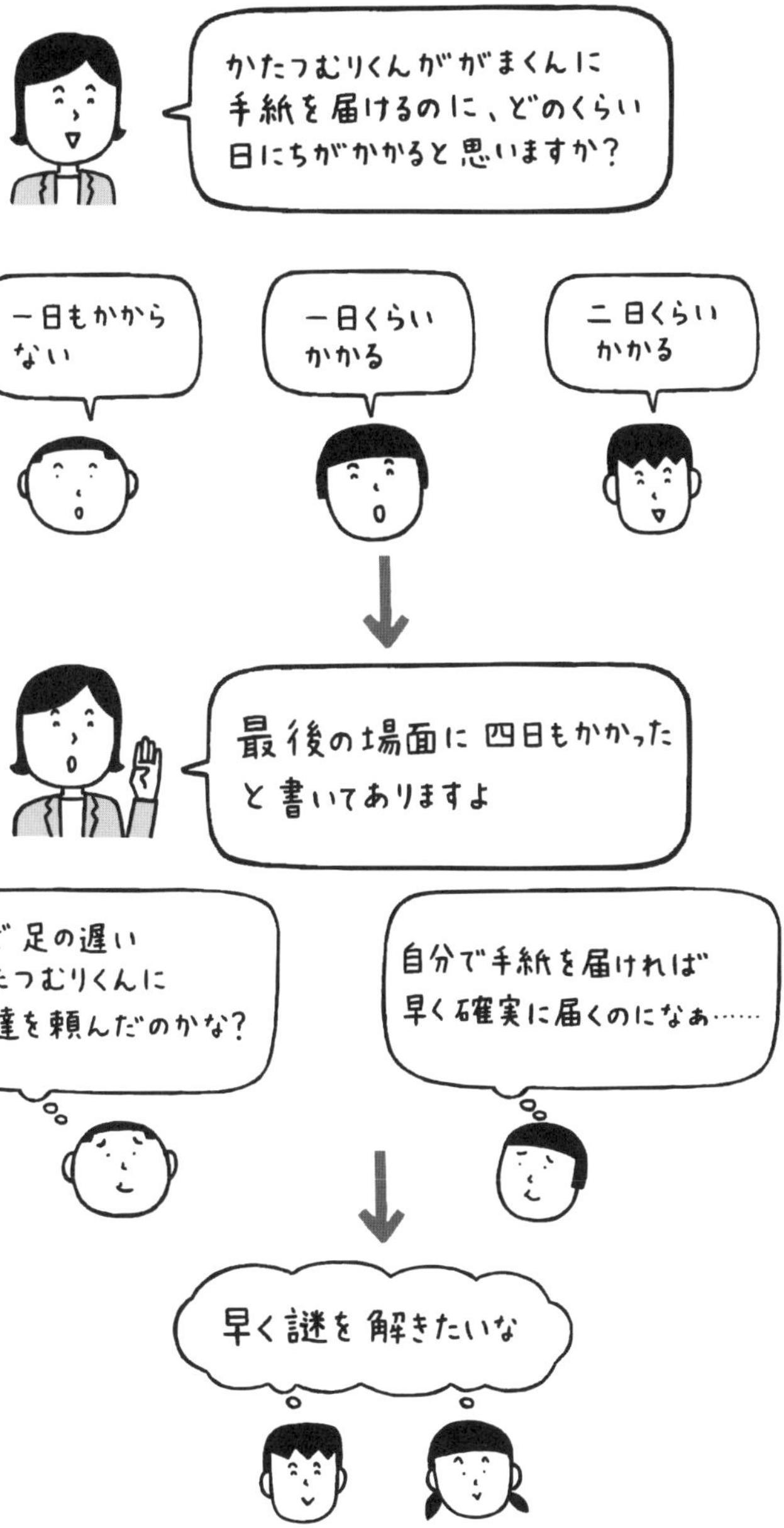

展開のポイント4

図や表に整理させる

図や表で整理させることによって、文章内容をつかませる

説明されている内容をしっかり読み取らせたいときには、図や表に整理させるとよいでしょう。図で整理する場合には、ノートの中心に考えようとすることや内容を書き、それに関連することを線でつなぎながら図にしていきます。こうすると、物事の関係性をわかりやすく整理することができ、読解力を高めることになります。

例えば、説明文「すがたをかえる大豆」（光村図書『国語三下』令和二年度版）では、「**おいしく食べるくふうと食品を図で表すと、どうなりますか？**」と発問します。ノートの中央に「大豆」と書き、そのまわりに「いる」「にる」「こなにひく」などのおいしく食べる工夫を書き、さらにそのまわりに「豆まきの豆」「に豆」「きなこ」などの食品名を書きます。そして、「大豆」――「こなにひく」――「きなこ」などと線でつなぎます。

表で整理する場合には、ノートに表をつくり、考えようとすることやものを項目ごとに書き込んでいきます。こうすると、物事をわかりやすく整理することができ、読解力を高めることになります。

例えば、説明文「すがたをかえる大豆」では、「**おいしく食べるくふうと食品を表で整理すると、どうなりますか？**」と発問します。子どもたちは、ノートに上下二段の表をつくります。上段には「おいしく食べるくふう」、下段には「食品」の見出しを書き、「いる」「にる」――「豆まきの豆」「に豆」、「こなにひく」――「きなこ」などと書き、表で整理していきます。

図で整理させる

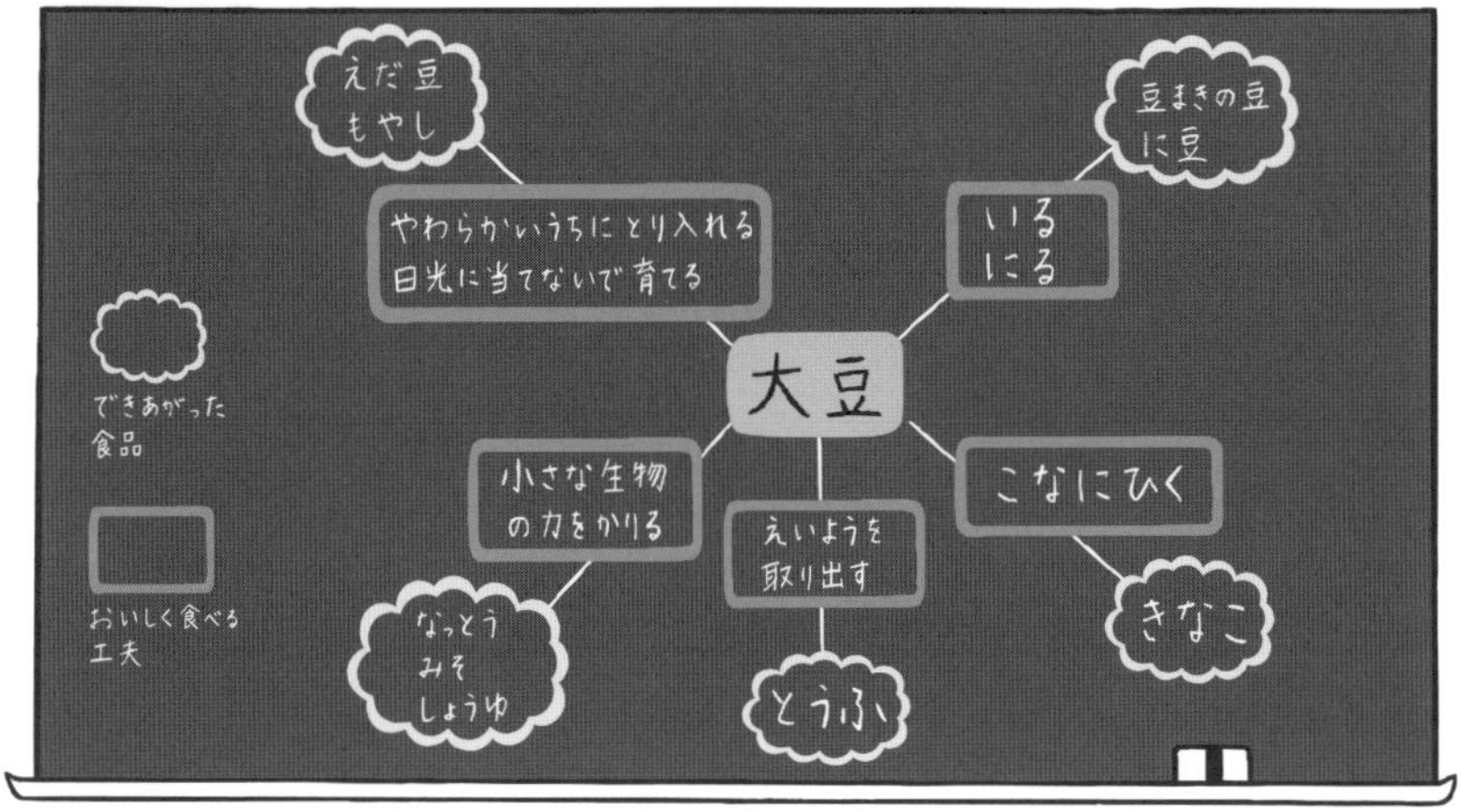

表で整理させる

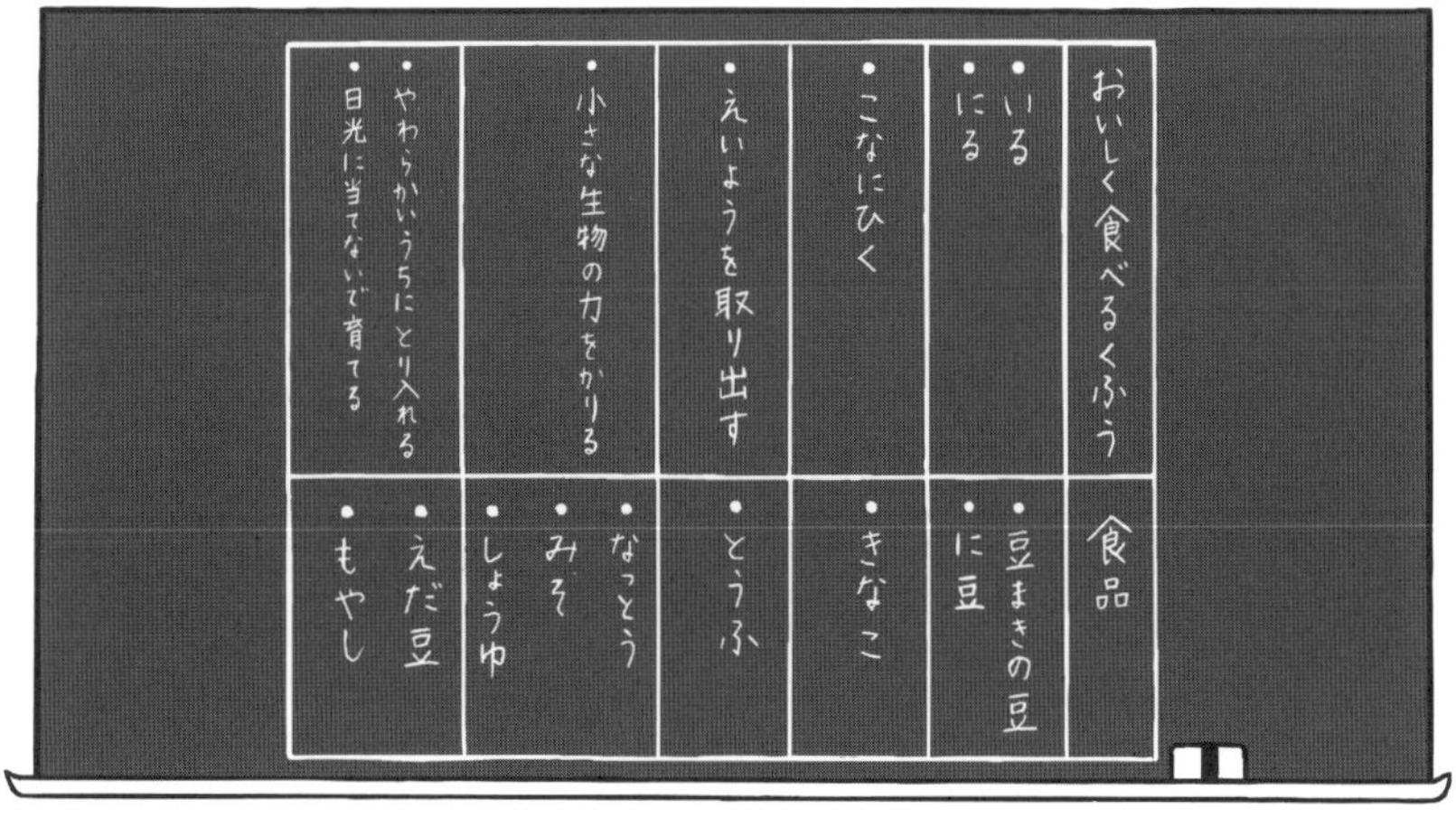

展開のポイント5

似た言葉や文と比べて、差異を読ませる

発問の内容によっては、考える手がかりになるようなものを具体的に示さなければ、子どもたちが答えを簡単には見つけられないことがあります。例えば、物語「ごんぎつね」（光村図書『国語四下』令和二年度版）で、「**『ごん、おまいだったのか、いつも、くりをくれたのは。』という兵十の言葉からどんなことがわかりますか？**」と発問しても、すぐに答えを見つけることができません。このようなときには、似たような文を提示し、子どもたちに比較検討させるようにするとよいでしょう。A「いつも、くりをくれたのは、ごん、おまいだったのか。」という文と、B「ごん、おまいだったのか、いつも、くりをくれたのは。」という文を一緒に並べ、この二つの文のちがいを比較検討させるようにします。

似た文と比べて、差異を読ませる

二つの文を比べさせると、子どもたちから、「Bの文のほうが『ごん、おまいだったのか』を強く言っている感じがする」「『ごん、おまいだったのか』をいちばん言いたかったんだと思う」という考えが出てきます。さらに、もう一歩踏み込んで、「兵十は『ごんぎつねめ』『ぬすっとぎつねめ』とにくんでいたのに、『ごん』『おまい』と人間のような呼び方になっている」「ごんぎつねにやさしくなっている」というような読みも出てきます。

このように、似た文を比較させ、検討させることによって、子どもたちは正答に近づこうと考えるようになります。

似た文と比べて、差異を読ませる

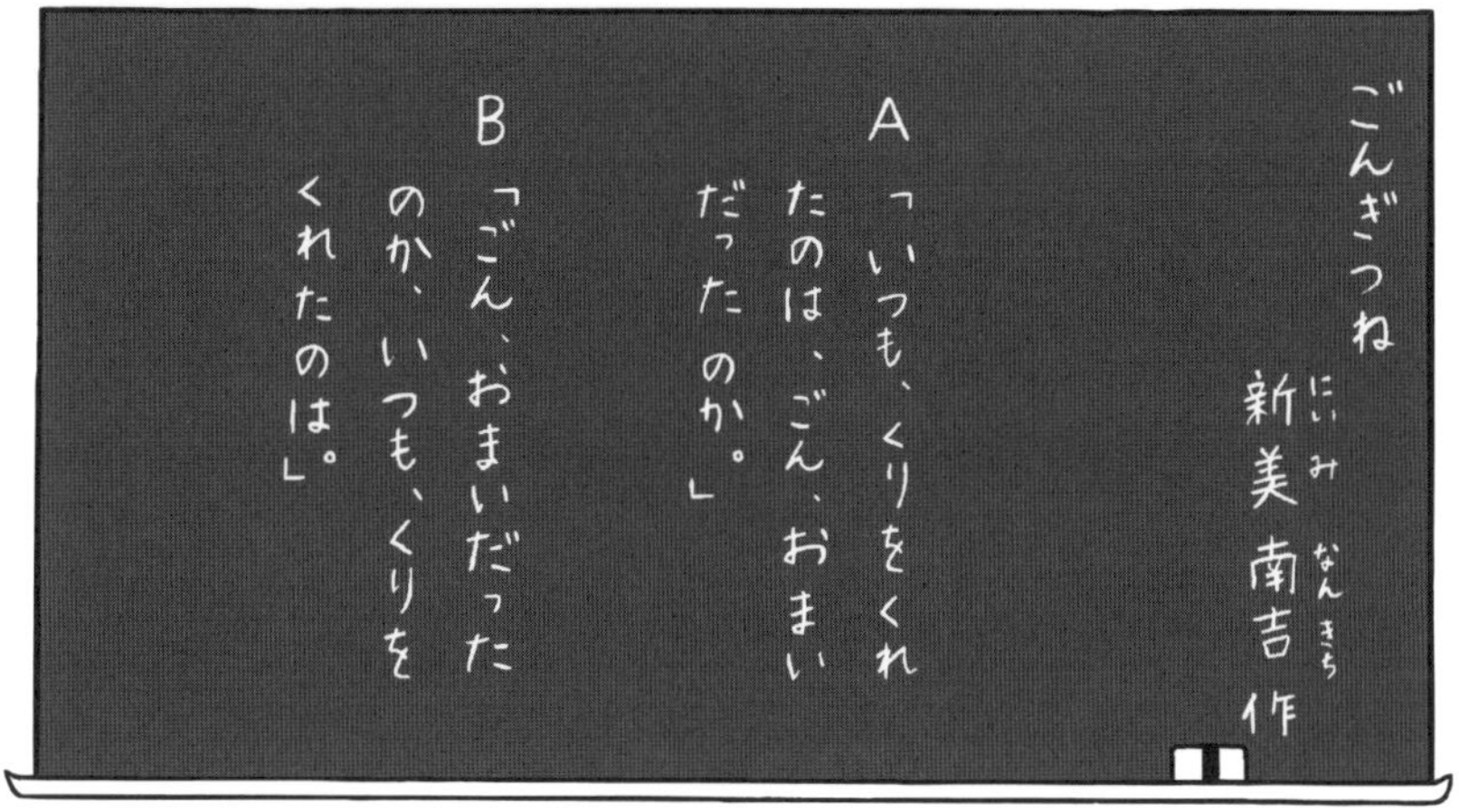
ごんぎつね
新美《にいみ》南吉《なんきち》作
A「いつも、くりをくれたのは、ごん、おまいだったのか。」
B「ごん、おまいだったのか、いつも、くりをくれたのは。」

AとBを比べると、どうちがいますか？
「ごん、おまいだったのか」を強く言っている感じがする
「ごん、おまいだったのか」をいちばん言いたかったんだと思う
「ごんぎつねめ」「ぬすっとぎつねめ」とにくんでいたのに、「ごん」「おまい」と人間のような呼び方になっている
ごんぎつねにやさしくなっている

展開のポイント6

多様な考えを引き出す

肯定面と否定面の両面から読ませたり、立場を変えて読ませたりする

授業の中で子どもたちから多様な考えを引き出すことは、とても大切なことです。それは、多様な考えを交流させることによって、子どもたちの思考活動を活発にし、思考を広げ深めることができるからです。しかし、「○○について、どんなことがわかりますか？」と発問しても、似たような考えばかりが発表されて、思考が深まらないことがよくあります。そこで、次のように、考えを広げる発問をします。

一つめは、肯定面と否定面の両面から考えさせる発問です。例えば、物語「ごんぎつね」（光村図書『国語四下』令和二年度版）の授業で、「ごんは、ひとりぼっちの小ぎつね」の読み取りをする場合、**「『ひとりぼっち』はマイナス面だけではなく、プラス面もあります。どんなよいことがありますか？」**と発問します。すると、「家族がいないので、さみしい」「遊び相手がいなくてつまらない」などの否定面だけではなく「自由で気ままに行動できる」「ひとりでも生きているたくましさがある」などの肯定面にも考えを広げるようになります。

二つめは、立場を変えて考えさせる発問です。例えば、**「ごんは兵十がとった魚を川へ投げ入れるいたずらをします。兵十の側から見ると、このいたずらはどう見えるでしょうか？」**と発問します。すると、「いたずらではなくて、どろぼうである」ととらえ方がちがうことがわかり、考えを広げることができます。

肯定面と否定面の両方から読ませる

「ひとりぼっちの小ぎつね」からどんなことが読めますか?
否定面
家族がいないので、さみしい
遊び相手がいなくてつまらない
「ひとりぼっち」はマイナス面だけではなく、プラス面もあります。どんなよいことがありますか?
肯定面
自由で気ままに行動できる
ひとりでも生きているたくましさがある

立場を変えて読ませる

ごんは兵十がとった魚を川へ投げ入れるいたずらをします。兵十の側から見ると、このいたずらはどう見えるでしょうか?
いたずらではなくて、どろぼうです

展開のポイント7

矛盾・対立・葛藤を生み出す

「○○なのに、なぜ、□□なのですか？」と発問する

子どもたちがすでに知っていることを思い出させる発問や、少し考えればすぐにわかるような発問ばかりしていると、子どもたちの思考はなかなか深まりません。そればかりか、学習意欲も低下してしまいます。そこで、一見すると矛盾していると思われる事実を示して、子どもたちの中に葛藤を引き起こし、思考を深めさせるようにします。

矛盾・対立・葛藤を引き起こす発問は、**「○○なのに、なぜ、□□なのですか？」**という形にするとよいでしょう。「○○なのに」という問いかけは、子どもたちが予想する考え、納得する考えです。一方、「なぜ、□□なのですか？」という問いかけは、その考えと矛盾しているように思われる事実です。もちろん、その事実は本当は矛盾していません。一見すると矛盾していると思われる事実を示して、子どもたちの思考を深めさせるのです。

例えば、物語「ごんぎつね」（光村図書『国語四下』令和二年度版）の最後の場面で、「**ごんは『へえ、こいつはつまらないな。』と思っているのに、なぜ、また兵十にくりを届けたのですか？**」と発問します。「へえ、こいつはつまらないな。」と思ったら、もうくりを届けないと考えるのがふつうです。一見すると矛盾していると思われる事実を示して、子どもたちの中に葛藤を引き起こすのです。このことによって、子どもたちは「なぜだろう？」と考え、思考を深めることになります。

「○○なのに、なぜ、□□なのですか？」と発問する

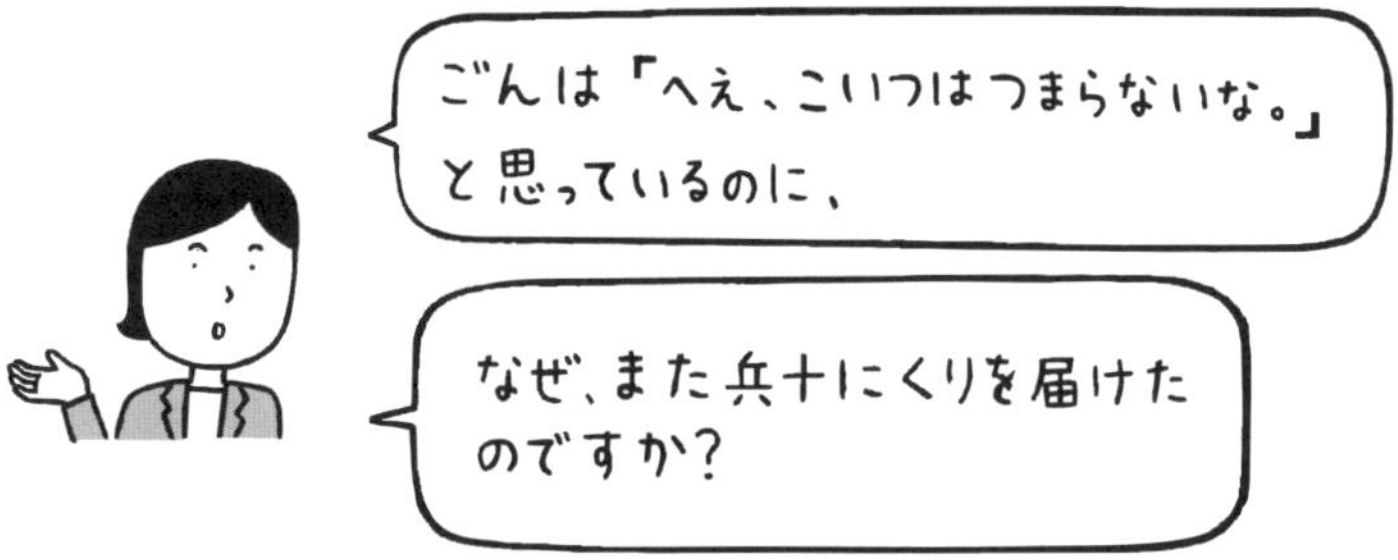
ごんは「へえ、こいつはつまらないな。」と思っているのに、
なぜ、また兵十にくりを届けたのですか？

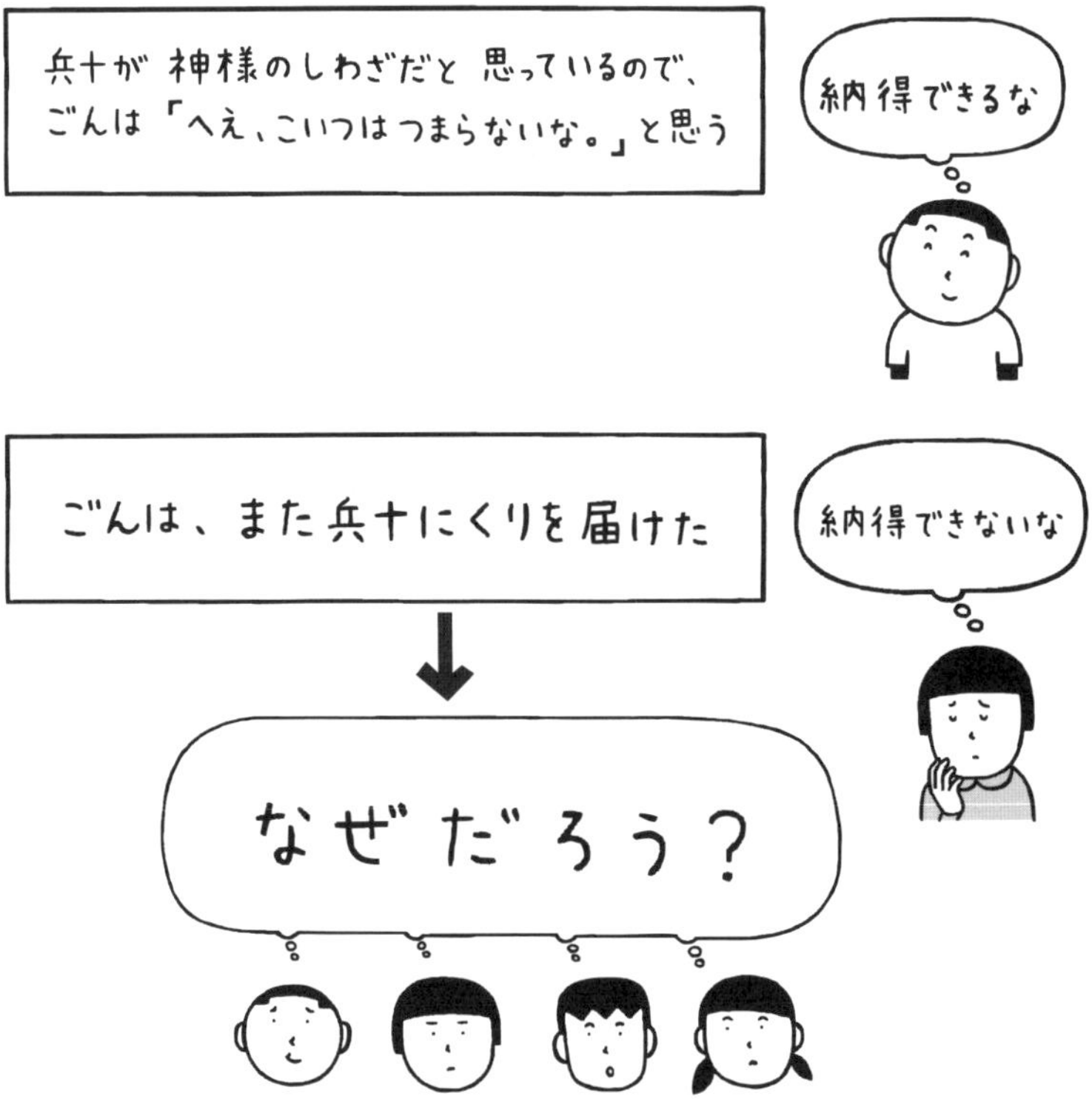
兵十が 神様のしわざだと 思っているので、ごんは「へえ、こいつはつまらないな。」と思う
納得できるな
ごんは、また兵十にくりを届けた
納得できないな
なぜだろう？

展開のポイント8

選択させて、話し合いを深めさせる

「Aですか？　それともBですか？」と選択させる発問をする

授業では、子どもたちによる話し合いがとても大切です。それは、子どもたちが学習課題について自分の頭で考え、その考えを出し合いながら正答に近づいていったり、自分では思いつかないような考えがあることに気づいたりすることができるからです。その際、単に自分の考えを発表し合うだけでは、内容を深め、正答にたどりつくことはできません。話し合いを深めるためには、話し合う学習課題について、「**Aですか？　それともBですか？**」と選択させる発問をすることが大事です。

例えば、物語「ごんぎつね」（光村図書『国語四下』令和二年度版）のクライマックスを見つける学習課題では、A「そして、足音をしのばせて近よって、今、戸口を出ようとするごんを、ドンとうちました。」とB「『ごん、おまいだったのか、いつも、くりをくれたのは。』／ごんは、ぐったりと目をつぶったまま、うなずきました。」が出ます。そこで、子どもたちには「**Aですか？　それともBですか？**」と発問をして選択を迫り、その理由も考えさせます。Aでは、兵十はごんのことを「ごんぎつねめ」「ぬすっとぎつねめ」と恨んでいて、さらにごんが兵十の家の中まで入ったので、ドンと撃ち、事件が解決したと読めます。Bでは、兵十のごんに対する思いが変容し、ごんはその言葉を聞いてうなずくという関係に変容していると読めます。

物語「ごんぎつね」の主要な事件とはなんなのかをもう一度考えさせて、話し合いを深めさせます。

「Aですか？　それともBですか？」と選択させる発問をする

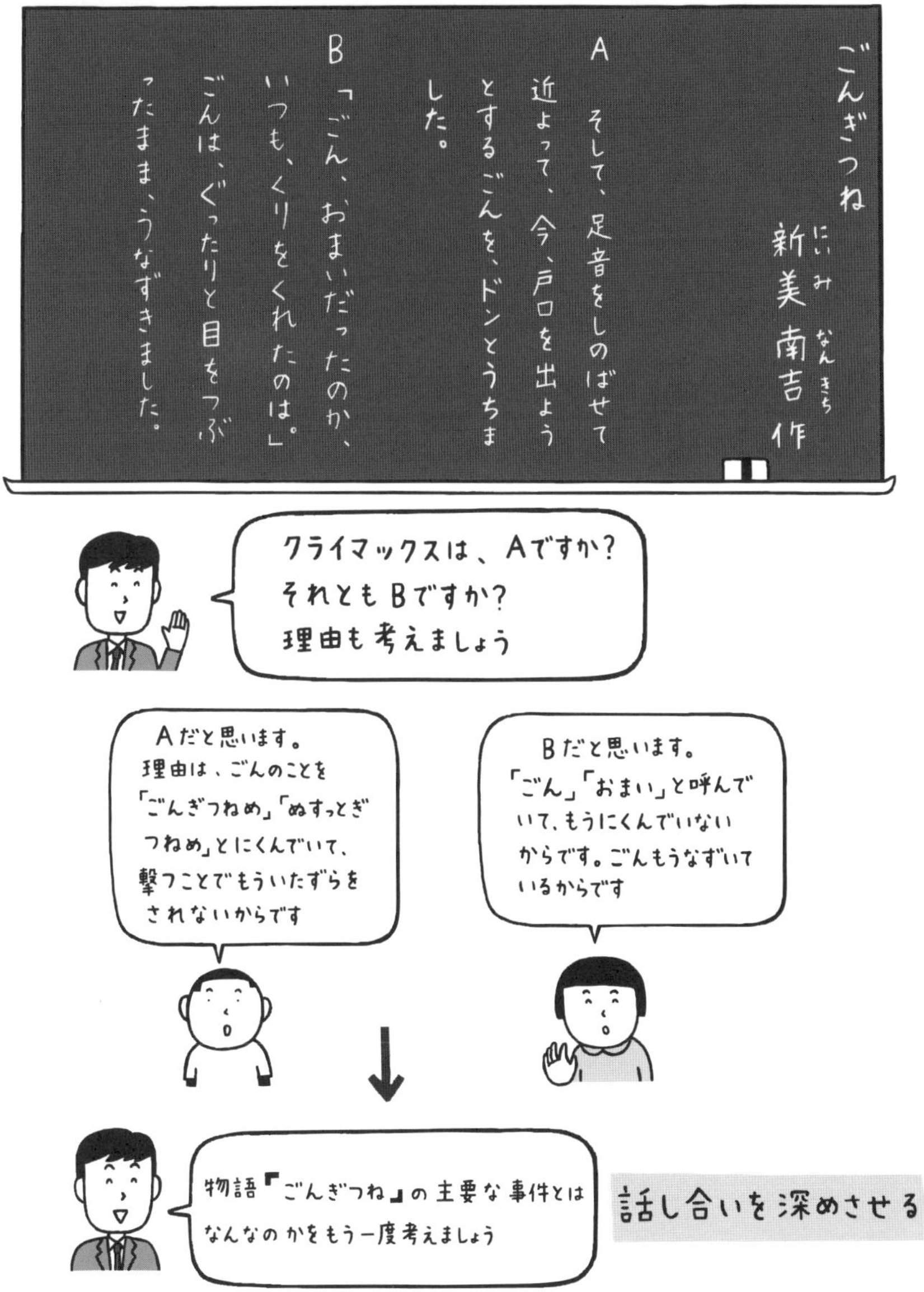
ごんぎつね
新美《にいみ》南吉《なんきち》作
A　そして、足音をしのばせて近よって、今、戸口を出ようとするごんを、ドンとうちました。
B「ごん、おまいだったのか、いつも、くりをくれたのは。」ごんは、ぐったりと目をつぶったまま、うなずきました。
クライマックスは、Aですか？それともBですか？理由も考えましょう
Aだと思います。理由は、ごんのことを「ごんぎつねめ」「ぬすっとぎつねめ」とにくんでいて、撃つことでもういたずらをされないからです
Bだと思います。「ごん」「おまい」と呼んでいて、もうにくんでいないからです。ごんもうなずいているからです
物語『ごんぎつね』の主要な事件とはなんなのかをもう一度考えましょう
話し合いを深めさせる

展開のポイント9

考えの理由や根拠を引き出す

●考えの理由や根拠を明確にさせる

思考活動を活発にし、思考を広げ深めるには、子どもたちに考えの理由や根拠を問い返す発問をするとよいでしょう。「**なぜ、そう考えたのですか?**」と理由を明確にするようにはたらきかけたり、「**どこからそう考えたのですか?**」と根拠を明確にするようにはたらきかけたりします。このようにすることによって、話し合いがより具体的になり、思考を広げ深めることができます。

例えば、物語「スイミー」(光村図書『こくご二上』令和二年度版)のクライマックスは、「ぼくが、目に　なろう。」という箇所ですが、その理由はいろいろ考えられます。「目に　なろう。」という言い方で、リーダーとしての自覚が読み取れること、目の役割を果たすことではじめて、みんなといっしょになって大きな魚を完成させられたこと、自分の体がまっくろなことを生かしていることなどです。

そこで、「**なぜ、『ぼくが、目に　なろう。』がクライマックスだと考えたのですか?**」と発問して、いろいろな理由を出し合って、話し合いの内容を豊かにします。

また、スイミーがリーダーらしくなってきたことを読み取らせる際には、「**リーダーらしくなったことが、どこから読めますか?**」と発問します。そして、スイミーが大きな魚をつくるアイデアを出したこと、そのための方法をみんなに提示したこと、大きな魚をつくる練習の中心的役割を果たしたことなどを読み取らせます。

考えの理由を明確にさせる

『スイミー』の クライマックスが
「ぼくが、目に なろう。」
だというわけを
たくさん出し合いましょう
スイミーが
リーダーらしく
なったことが
わかるから
はじめて、
みんなといっしょに
大きな魚を
つくったから
体がまっくろな
ことをうまく
生かしているから
理由は
さまざま！

考えの根拠を明確にさせる

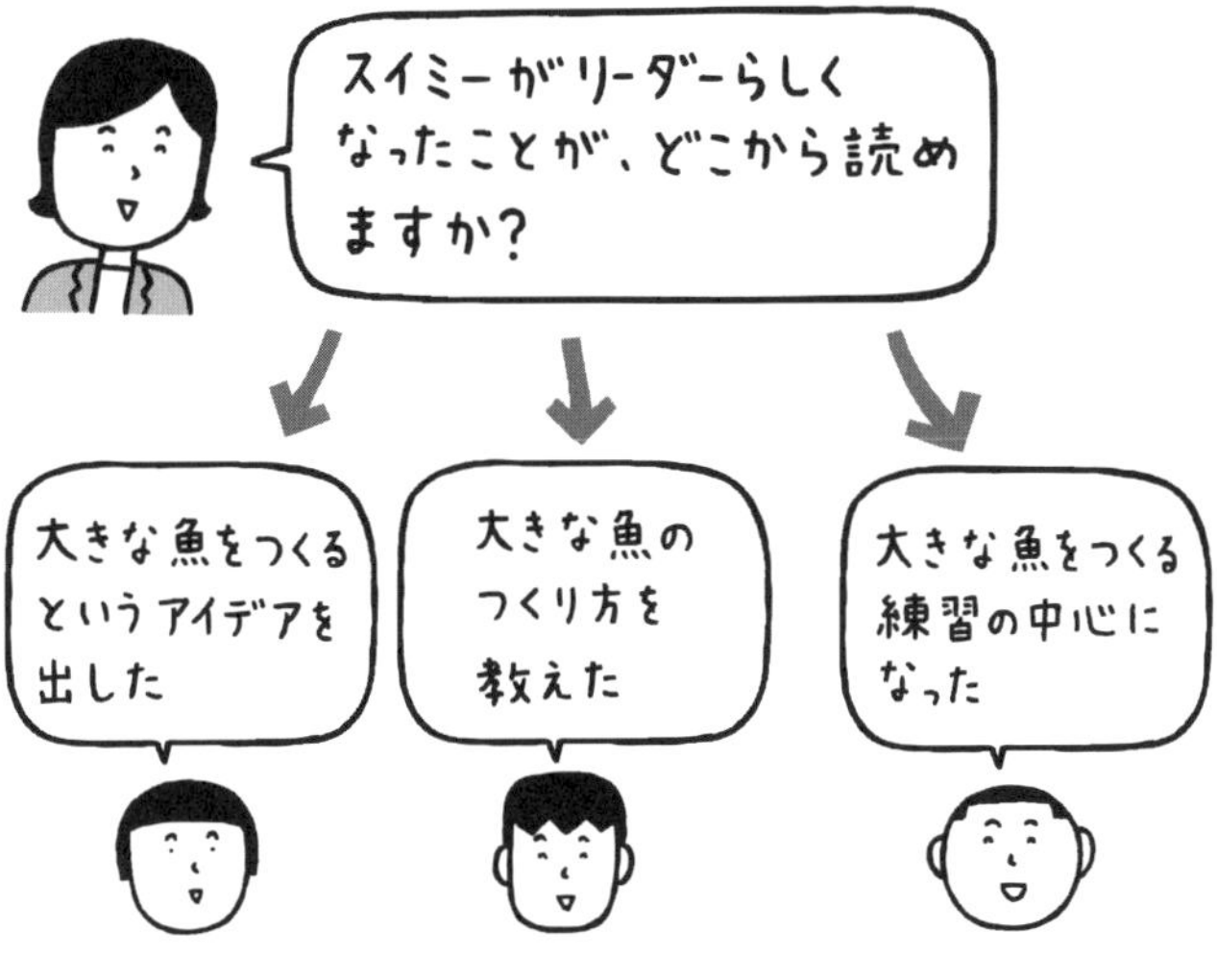
スイミーがリーダーらしく
なったことが、どこから読め
ますか？
大きな魚をつくる
というアイデアを
出した
大きな魚の
つくり方を
教えた
大きな魚をつくる
練習の中心に
なった

展開のポイント10

文章を吟味させる

●文章を吟味することで、批評力をつけさせる

説明文を詳しく読み取ったあとに、読み取った文章への評価や批評を行うことは、思考力を高めることにつながります。説明文は、ある事柄についてよくわかっている筆者が、読み手にわかりやすく説明しようとするものです。ですから、できるだけわかりやすい説明の仕方になるように工夫されています。これを吟味させます。

例えば、説明文「すがたをかえる大豆」（光村図書『国語三下』令和二年度版）では、「**例を挙げるのに、なぜ『一つ目は』『二つ目は』でなく、『次に』『また』『さらに』が使われているのでしょうか？**」と発問します。そして、「大豆だとわかるものからわからないものへ」「手のくわえ方が少ないものから多いものへ」「加工するのに時間がかからないものからかかるものへ」という順序で書かれていることを読み解かせます。

物語も詳しく読み取ったあとに、読み取った文章への評価や批評を行わせ、思考力を高めます。例えば、斎藤隆介の物語「モチモチの木」（光村図書『国語三下』令和二年度版）では、「最後の場面『弱虫でも、やさしけりゃ』があるのとないのとでは、どうちがいますか？」と発問します。そして、豆太はまた弱虫に戻ってしまったように見えるが、豆太の内面は確実に変わったこと、豆太が「やさしさ」という勇気をもっていることがわかるので、最後の場面があることによって物語に深みがあることを読み解かせます。

説明文を吟味させる

『すがたをかえる大豆』では
なぜ、「一つ目は」「二つ目は」でなく、
「次に」「また」「さらに」が使われて
いるのでしょうか？
大豆だとわかるものからわからないものへの順番になっているから
手のくわえ方が少ないものから多いものへの順番になっているから
加工するのに時間がかからないものからかかるものへの順番になっているから

物語を吟味させる

『モチモチの木』で最後の場面が
あるのとないのとでは、どうちがい
ますか？
最後の場面があると、豆太はまた弱虫に戻ってしまうけれど、内面は変わったことがわかるからよい
最後の場面があると豆太は「やさしさ」という勇気をもっていることがわかるからよい

Column 3

説明内容を発問化するよさとは

小学校の授業で発問がないというようなことは、まず考えられません。しかし、高校の授業や大学の講義となると、むしろ発問なしが普通です。発問なしで、教師から一方通行の解説が行われます。つまり、発問なしでも授業はできますが、説明なしでは授業はできないのです。授業とは、学習内容を子どもたちに説明することなのです。

では、説明と発問の関係は、どのようになっているのでしょうか。発問とは、説明内容を「問い」という形に変えて、子どもたちにその内容を理解させていくものです。子どもたちに説明をすれば簡単にすむものを、わざわざ「問い」の形に変えるのは、なぜでしょうか。一つめは、授業の場の雰囲気を変えることができるからです。説明を中心にした授業だと、教師はつい話しすぎてしまって授業が単調になり、だらけた雰囲気になりがちです。このようなときに、教師が発問すると、授業の雰囲気がいっきに変わります。二つめは、子どもたちの思考を揺り動かすことができるからです。発問によって、子どもたちにいろいろと考えさせることができます。三つめは、説明内容が子どもたちにどのくらい伝わっているのかを確認できるからです。

発問は、子どもたちがわかっているかどうかをたえず問いかけることで、子どもたちの答えによっては、もう一度別の形で説明しなおし、理解させることができます。

第4章

「深い学び」を引き出す！説明文の発問術

説明文の発問術 1

「問い」と「答え」に着目させる

「問い」と「答え」の関係をつかませる

多くの説明文の文章構成は、「問い」と「答え」から成り立っています。「問い」とは、読み手を引きつけ、文章を書き進めるために筆者が書こうとする内容を、「〜でしょうか」「〜でしょう」という疑問形で提示した文のことです。「答え」とは、「問い」に対応する内容を具体的な事例を挙げながらまとめた文や段落のことです。この「問い」と「答え」に着目することで、何がどのように書かれているかをつかんだり、筆者の主張を読み取ったりすることができます。

「問い」が述べる「しごと」「つくり」に対応して「答え」が書かれていることをつかませる

「じどう車くらべ」（光村図書『こくご一下』令和二年度版）では、はじめに「それぞれの　じどう車は、どんな　しごとを　して　いますか。」「その　ために、どんな　つくりに　なって　いますか。」と文章全体にかかる問いが二つあります。それを受けた答えの部分は、「バスや　じょうよう車」「トラック」「クレーン車」と三つのまとまりになっていて、それぞれ「しごと」「つくり」について述べています。

そこで、「**どんな問いがありますか？**」「**答えにはどんなことが書いてありますか？**」と発問して、「問い」と「答え」の内容を読み取らせます。また「そのために」という言葉に着目させて、「しごと」と「つくり」が互いに関係することも読み取らせます。

「問い」と「答え」の関係をつかませる

説明文の発問術 2

段落に着目させる

段落番号をつけさせて、段落を意識させる

説明文を読んでいくときは、始まりの文から終わりの文までなんとなく読むのではなく、段落を意識しながら読むことが大切です。段落とは、いくつかの文が集まってできたひとまとまりのことです。段落には、筆者の説明したいことが一つのまとまりとして書かれているので、段落を意識して読むことが大切なのです。

そこで、子どもたちにまずはじめに①②③……と段落番号をつけさせます。そして、「**この説明文にはいくつの段落がありますか？**」と発問して、いくつの段落で構成されている説明文なのかを確認させます。

段落によって、はたらきがちがうことをつかませる

一つの説明文は、たくさんの段落で構成されていますが、段落によってそのはたらきがちがいます。「前書き」の段落は、何について書いてあるかを読み手に話題を示す段落です。「問い」の段落は、「～でしょうか」「～でしょう」と問題を示す段落です。「答え」の段落は、「問い」に対する答えが、具体的な事例を挙げて書いてある段落です。「まとめ」の段落は、「問い」に対する全体の内容のしめくくりが書いてある段落です。筆者の感想や考えなども書いてあることがあります。

段落番号をつけさせて、段落を意識させる

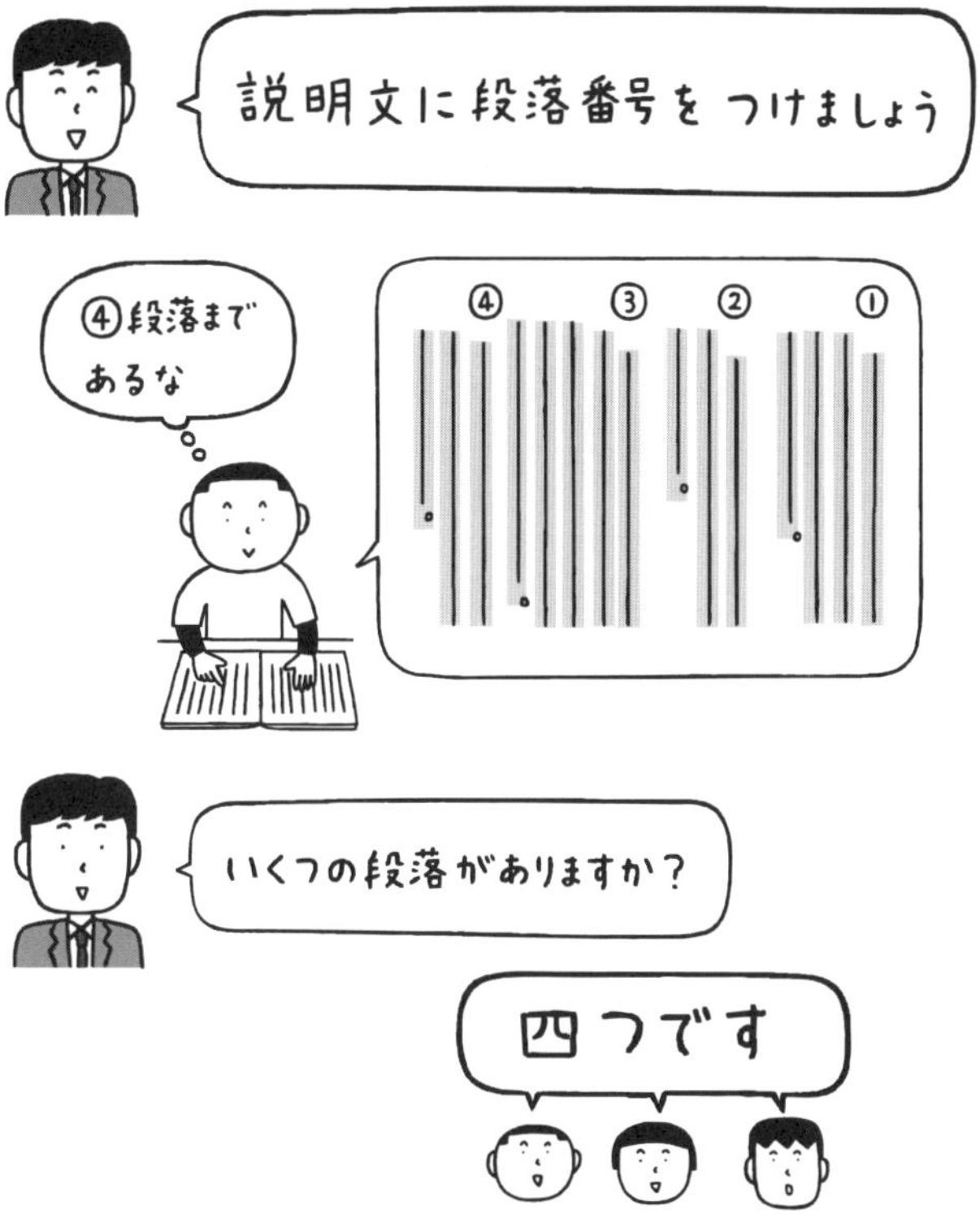

段落によって、はたらきがちがうことをつかませる

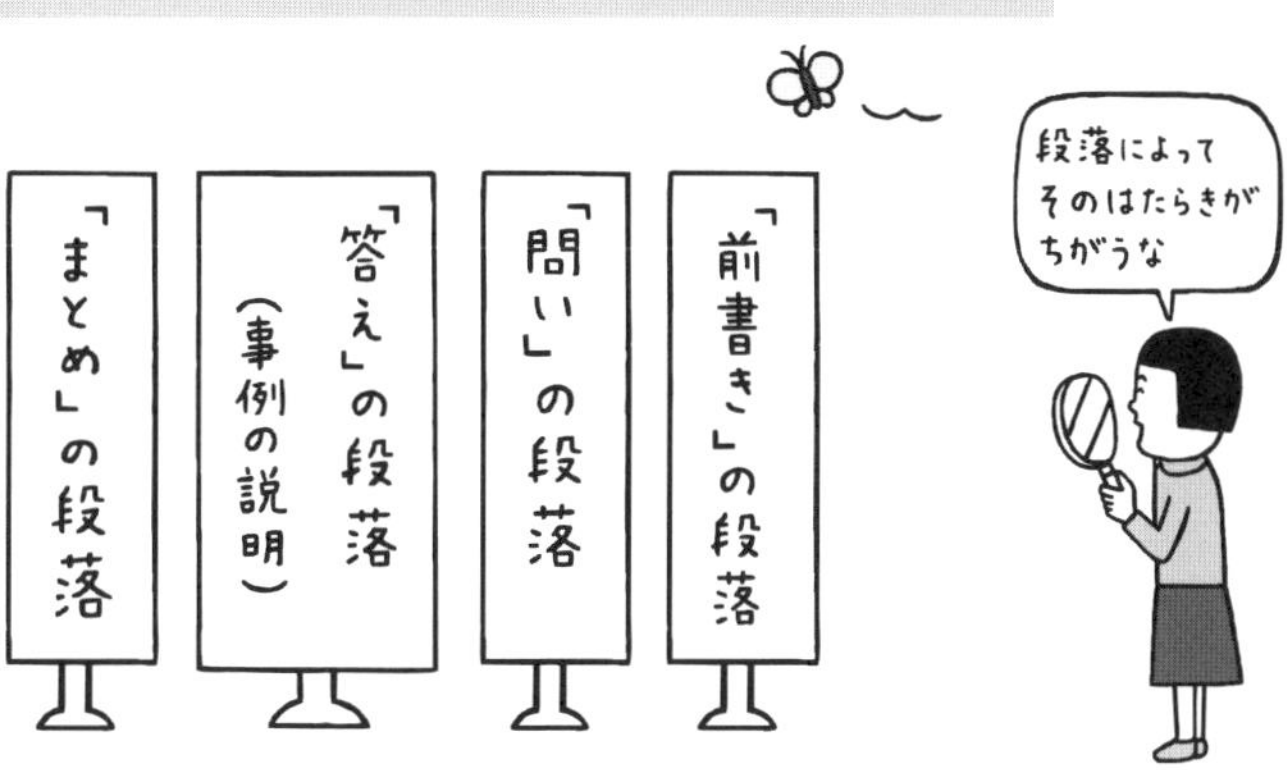

説明文の発問術 3

文章構成に着目させる

●「はじめ」「なか」「おわり」の段落をつかませる

説明文の文章構成は、基本的には「はじめ」「なか」「おわり」の三部構成です。「はじめ」は、話題を示す「前書き」の段落や「問い」の段落です。「なか」は、具体的な事例を挙げて説明している「答え」の段落です。「おわり」は、全体の内容のまとめが書いてある段落です。「**『はじめ』『なか』『おわり』はどのように分けられますか?**」と発問して、説明文に番号をつけた段落が、「はじめ」「なか」「おわり」のどこに相当するのかを子どもに考えさせます。

●「はじめ」「なか」「おわり」に分けさせる

例えば、安藤正樹の説明文「こまを楽しむ」(光村図書『国語三上』令和二年度版)では、「はじめ」は、「では、どんなこまがあるのでしょう。」「また、どんな楽しみ方ができるのでしょう。」と二つの「問い」がある①段落です。「なか」は、具体的にこまの種類と楽しみ方を説明している②〜⑦段落です。「おわり」は、こまの種類と楽しみ方についてまとめている⑧段落です。

そこで、まず「**『はじめ』はどの段落で、どんな『問い』がありますか?**」と発問して、該当段落と「問い」を読み取らせます。次に、「**『なか』はどの段落ですか?**」と発問して、②〜⑦段落であることを読み取らせます。最後に、「**『おわり』はどの段落ですか?**」と発問して、⑧段落に二つの「問い」のまとめが書いてあることを読み取らせます。

「はじめ」「なか」「おわり」の段落をつかませる

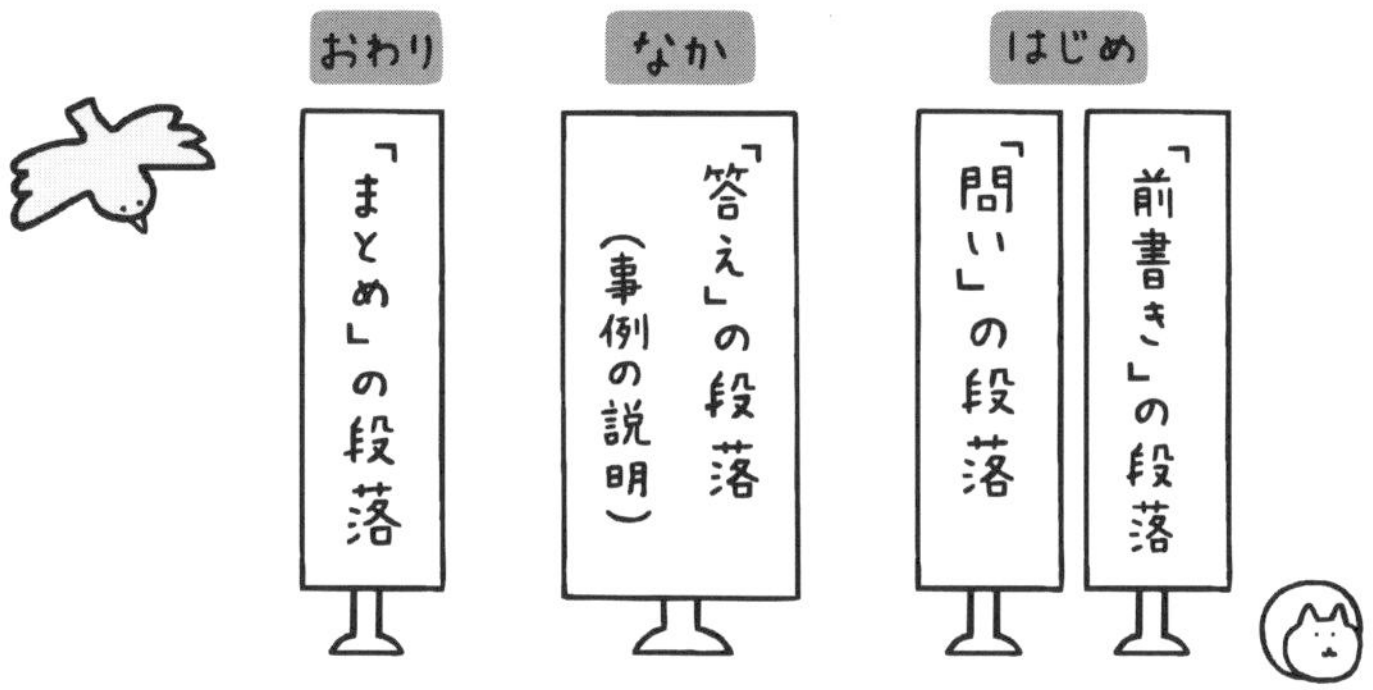
はじめ
「前書き」の段落
「問い」の段落
なか
「答え」の段落
（事例の説明）
おわり
「まとめ」の段落

「はじめ」「なか」「おわり」に分けさせる

『こまを楽しむ』の
「はじめ」はどの段落で、
どんな「問い」がありますか？
①段落
問い１　どんなこまがあるのでしょう？
問い２　どんな楽しみ方ができるのでしょう？
「なか」はどの段落ですか？
②～⑦段落
「おわり」はどの段落ですか？
⑧段落

説明文の発問術 4

段落のまとまり（意味段落）に着目させる

●意味段落ごとに分けさせる

「なか」の内容には、同じ内容について説明されている段落があります。これを意味段落といいます。そこで、「なか」を内容のまとまりごとに分けさせます。例えば、「おにごっこ」（光村図書『こくご二下』令和二年度版）では、①段落に「どんなあそび方があるのでしょう。」「なぜ、そのようなあそび方をするのでしょう。」と二つの「問い」があります。これらの「問い」の答えが「なか」の②〜⑤段落で具体例を挙げて説明されています。これを内容のまとまりごとにおにごっこの「あそび方」という観点で分けると、三種類の「あそび方」に分けられ、次のようになります。

（答え1）……②段落（あそび方1、わけ）
（答え2）……③段落（あそび方2、わけ）
（答え3）……④段落（あそび方3、わけ）、⑤段落（つけ足したあそび方、わけ）

そこで、「**『なか』をあそび方の種類で分けると、いくつに分けられますか？**」と発問して、考えさせます。④段落と⑤段落は、「つかまった人が、みんなおにになっておいかけるあそび方」という観点で考えると、同じあそび方であることを読み取らせます。

また、「なか」の段落の書き出しは、「あそび方の一つに」「また」「ほかに」「ところが」という言葉になっているので、この言葉に着目させて、「なか」が三つに分けられることにも気づかせます。

意味段落ごとに分けさせる

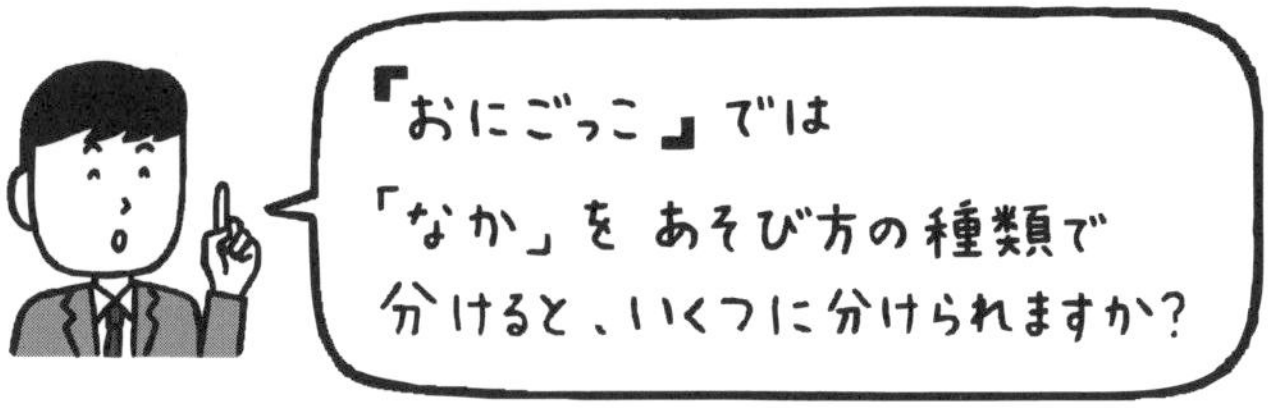
『おにごっこ』では
「なか」を あそび方の種類で
分けると、いくつに分けられますか?

着目①
あそび方

④段落は、つかまった人が、
みんなおにになって
おいかけるあそび方だな
⑤段落は、つかまった人が、
みんな手をつないでおいかける
あそび方だな

着目②
接続語

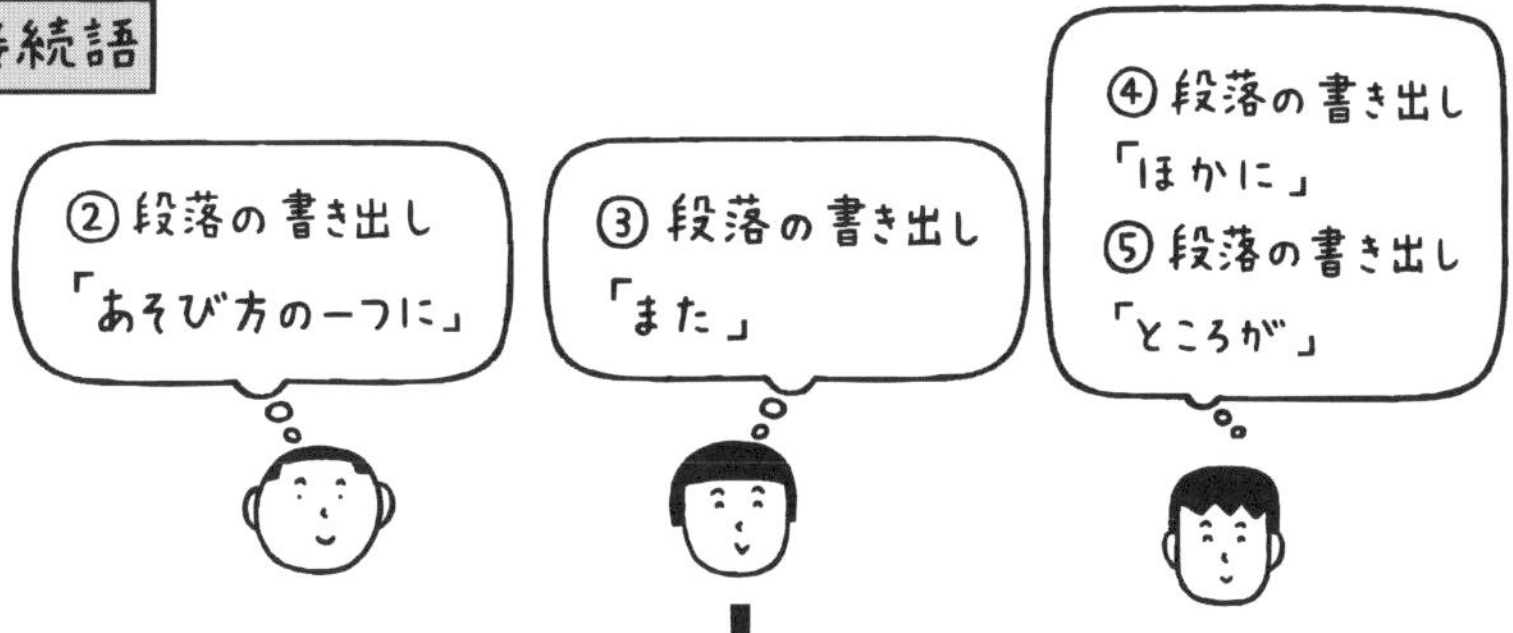
②段落の書き出し
「あそび方の一つに」
③段落の書き出し
「また」
④段落の書き出し
「ほかに」
⑤段落の書き出し
「ところが」

↓

答え　あそび方の種類は三つ

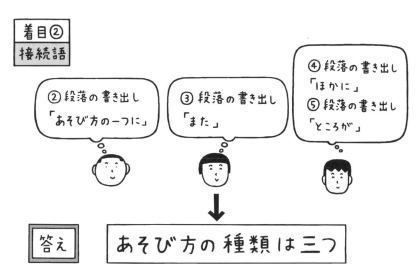

説明文の発問術5

文章構成図を書かせる

●構成図を書かせて、大枠をとらえさせる

説明文を読む際には、まず文章構成を俯瞰的にとらえることが大事です。そのことによって、文章全体の大枠をとらえることができます。説明文の基本構成は、「はじめ」「なか」「おわり」の三部構成なので、これを構成図に表し、俯瞰的にとらえることができるようにします。

例えば、「おにごっこ」(光村図書『こくご二下』令和二年度版)は、全部で六つの段落があります。「はじめ」は①段落で、「どんなあそび方があるのでしょう。」「なぜ、そのようなあそび方をするのでしょう。」と二つの問いがあります。「なか」は②~⑤段落で、「あそび方」と「わけ」がセットになって述べられています。「おわり」は⑥段落で、「あそび方」と「わけ」を短くまとめ、筆者の願いも述べられています。

そこで、まず「**『はじめ』『なか』『おわり』はどの段落でしょうか? 構成図に書きましょう**」と発問して、構成図に段落番号を書かせます。次に、「**『なか』はいくつに分けられますか?**」と発問して、「なか」を三つに分けさせます。その際、④段落と⑤段落が同じあそび方なのか、ちがうあそび方なのかをよく考えさせます。構成図の「なか」を三つの部屋に区切り、「なか1」「なか2」「なか3」と書き、さらにそれぞれに「あそび方1・わけ」「あそび方2・わけ」「あそび方3・わけ、つけ足したあそび方・わけ」と小見出しを書かせます。

構成図を書かせて、大枠をとらえさせる

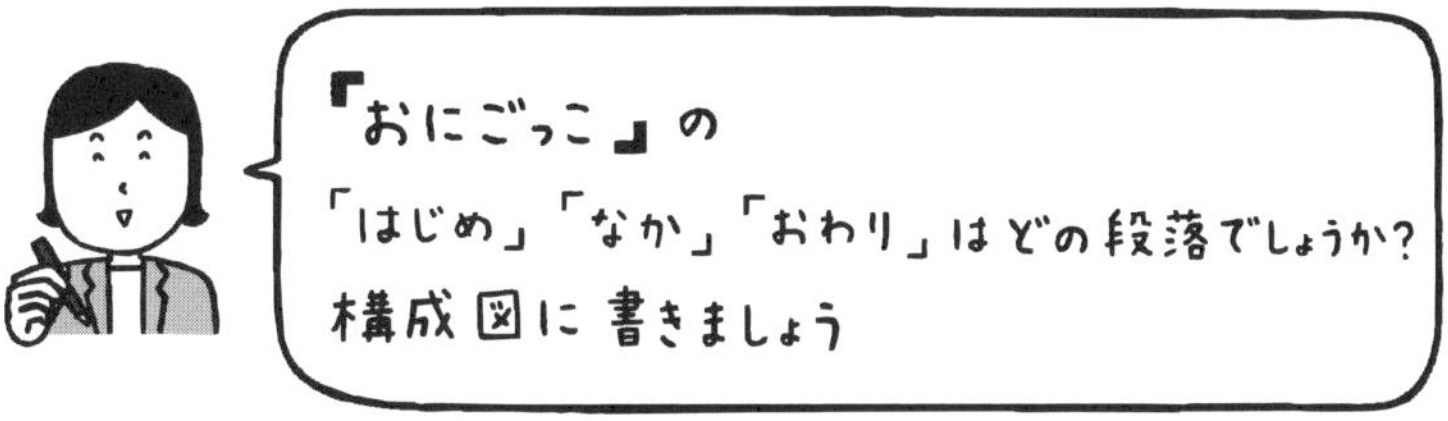
『おにごっこ』の
「はじめ」「なか」「おわり」はどの段落でしょうか？
構成図に書きましょう

おわり	なか	はじめ
⑥	⑤　④　③　②	①

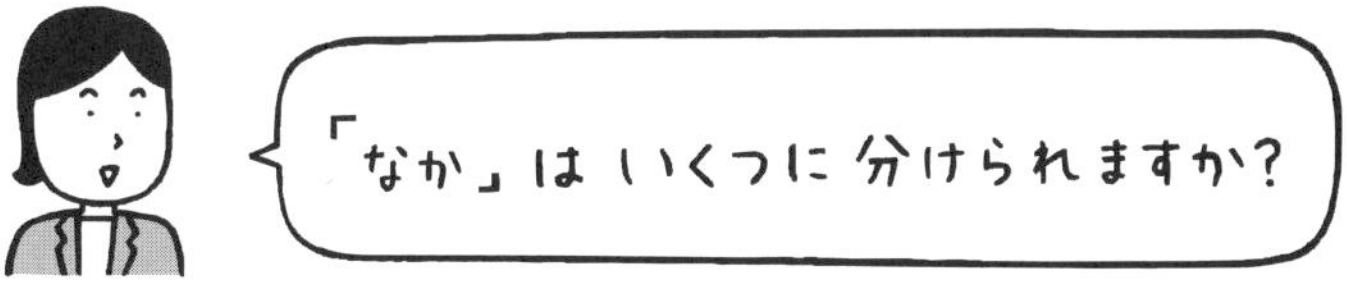
「なか」はいくつに分けられますか？

おわり	なか			はじめ
⑥	なか3 ⑤　④	なか2 ③	なか1 ②	①
（まとめ）	（答え3） ・あそび方3 ・わけ ◎つけ足したあそび方 ◎わけ	（答え2） ・あそび方2 ・わけ	（答え1） ・あそび方1 ・わけ	（問い） ・どんなあそび方があるのでしょう。 ・なぜ、そのようなあそび方をするのでしょう。

説明文の発問術 6

表に整理させる

表に整理させて読み取らせる

説明文によっては、表に整理することにより、文章に書かれた内容をわかりやすくまとめることができます。時間の順序に従って述べられている説明文は、表に整理するとわかりやすくなります。

例えば、「たんぽぽのちえ」（光村図書『こくご二上』令和二年度版）では、「**たんぽぽは、どんなときに、どんなちえをはたらかせていますか？　それには、どんなわけがありますか？**」と発問して、「いつ」「どうなる」「わけ」の三項目にまとめさせます。

「いつ」……二、三日　たつと
「ちえ」……花は　しぼんで、だんだん　くろっぽい　色に　かわって　いきます。
花の　じくは、ぐったりと　じめんに　たおれて　しまいます。
「わけ」……花と　じくを　しずかに　休ませて、たねに、たくさんの　えいようを　おくるため。

また、同じ構成をくり返す形で述べられている説明文も、表に整理するとわかりやすくなります。

例えば、「じどう車くらべ」（光村図書『こくご一下』令和二年度版）では、「**バス・じょうよう車、トラック、クレーン車のしごととつくりは、どうなっていますか？**」と発問して、「しごと」と「つくり」の二項目にまとめさせます（78～79ページ参照）。

表に整理させて読み取らせる

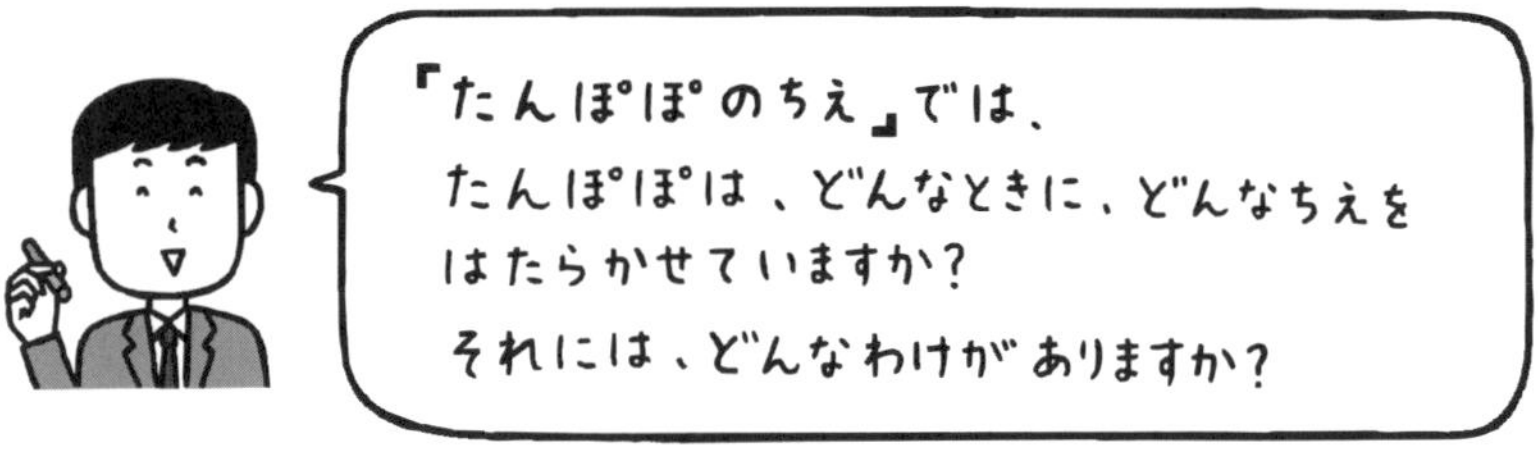
『たんぽぽのちえ』では、
たんぽぽは、どんなときに、どんなちえをはたらかせていますか?
それには、どんなわけがありますか?

いつ	ちえ	わけ
春に なると、	花が さきます。	
二、三日 たつと、	花は しぼんで、だんだん くろっぽい 色に かわって いきます。花の じくは、ぐったりと じめんに たおれて しまいます。	花と じくを しずかに 休ませて、たねに、たくさんの えいようを おくって いるのです。
やがて、		
この ころに なると、		

説明文の発問術 7

段落どうしの関係を読ませる

●中心になる段落（柱の段落）を見つけさせる

同じ内容について説明されている段落がいくつかある場合、それらの段落の中には、まとめて説明している中心になる段落（柱の段落）があります。これを見つければ、意味段落に何が書いてあるかをすばやくつかんだり、短くまとめたりすることができます。中心になる段落（柱の段落）を見つけるときには、段落と段落の関係がどのようになっているかを考えると見つけやすくなります。

例えば、「ありの行列」（光村図書『国語三下』令和二年度版）の⑦段落と⑧段落は、次のようになっています。

⑦この研究から、ウイルソンは、ありの行列のできるわけを知ることができました。
⑧はたらきありは、えさを見つけると、道しるべとして、地面にこのえきをつけながら帰るのです。ほかのはたらきありたちは、そのにおいをかいで、においにそって歩いていきます。
（後略）

⑦段落を⑧段落が詳しく説明しているので、⑦段落が中心になる段落（柱の段落）です。そこで、「**内容がまとめて書いてある段落は、どちらですか？**」と発問して、⑦段落と⑧段落の関係を考えさせて、中心になる段落（柱の段落）を見つけさせます。

中心になる段落（柱の段落）を見つけさせる

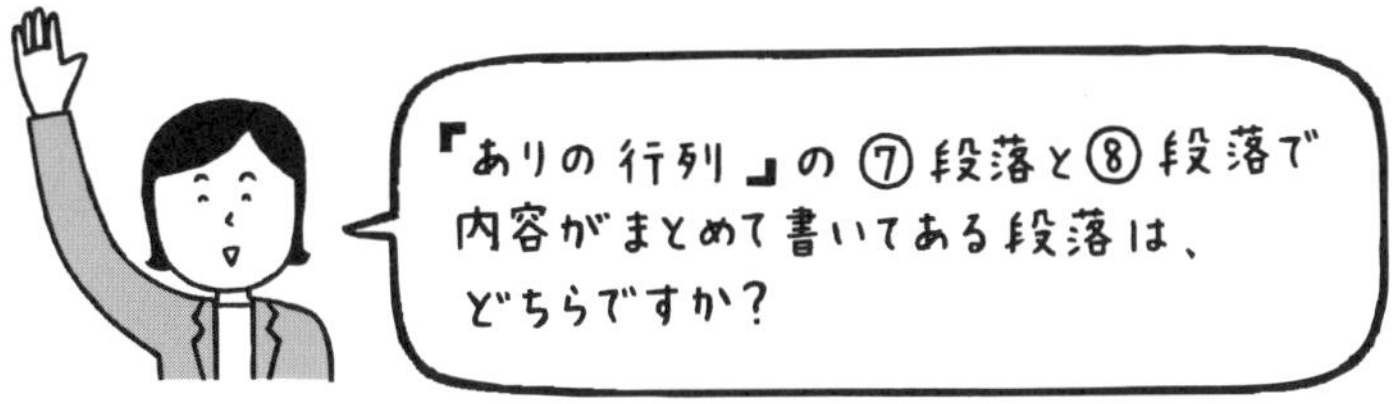
『ありの行列』の⑦段落と⑧段落で内容がまとめて書いてある段落は、どちらですか？

⑦この研究から、ウイルソンは、ありの行列のできるわけを知ることができました。

⑧はたらきありは、えさを見つけると、道しるべとして、地面にこのえきをつけながら帰るのです。ほかのはたらきありたちは、そのにおいをかいで、においにそって歩いていきます。

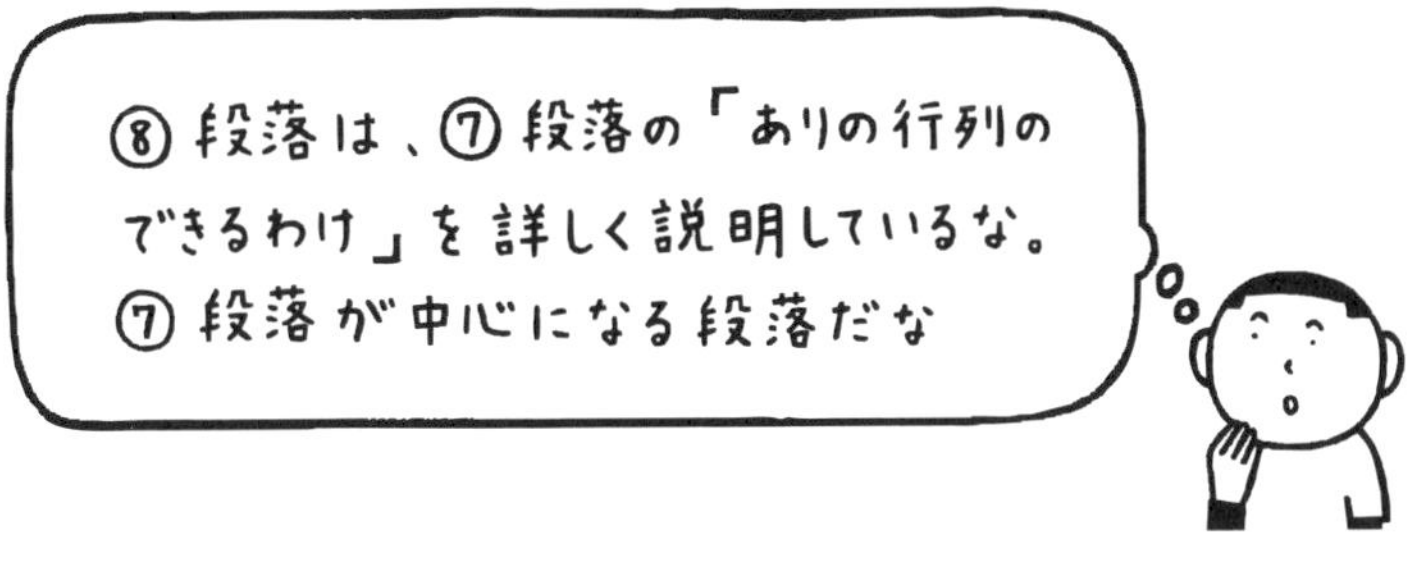
⑧段落は、⑦段落の「ありの行列のできるわけ」を詳しく説明しているな。⑦段落が中心になる段落だな

説明文の発問術 8

文どうしの関係を読ませる

中心になる文（柱の文）を見つけさせる

ふつう、段落はいくつかの文が集まってできています。段落に何が書いてあるかをすばやくつかんだり、短くまとめたりするときは、その段落の中でいちばん中心になる文（柱の文）を見つけるとよいでしょう。それは、中心になる文（柱の文）に著者が述べようとしている主要な内容が書かれているからです。中心になる文（柱の文）は、内容がまとめて書かれています。

例えば、安藤正樹の説明文「こまを楽しむ」（光村図書『国語三上』令和二年度版）の②段落は、四つの文で書かれています。

①色がわりごまは、回っているときの色を楽しむこまです。②こまの表面には、もようがえがかれています。③ひねって回すと、もように使われている色がまざり合い、元の色とちがう色にかわるのがとくちょうです。④同じこまでも、回すはやさによって、見える色がかわってきます。

①文を②～④文が詳しく説明しているので、①文が中心になる文（柱の文）です。そこで、「**内容がまとめて書いてある中心になる文はどれですか？**」と発問して、①文とそのほかの文とのそれぞれの関係を考えさせて、中心になる文（柱の文）を見つけさせます。

中心になる文（柱の文）を見つけさせる

『こまを楽しむ』の②段落で
内容がまとめて書いてある中心になる文は
どれですか？

②段落

①色がわりごまは、回っているときの色を楽しむこまです。

②こまの表面には、もようがえがかれています。

③ひねって回すと、もように使われている色がまざり合い、元の色とちがう色にかわるのがとくちょうです。

④同じこまでも、回すはやさによって、見える色がかわってきます。

②文と③文と④文は、①文の「色がわりごま」
について詳しく説明しているな。
①文が中心になる文だな

説明文の発問術9

指示語に着目させる

●指示語が指している言葉に書き換えて考えさせる

指示語とは、「これ」「それ」「あれ」「どれ」など、文章中の言葉を指す言葉のことです。指す言葉がどの言葉を指しているかがわかれば、述べられている内容を正確に読み取ることができます。

指示語がどの言葉を指しているかを考える場合には、指示語と指していると思われる言葉を置き換えてみます。意味が通じれば、その言葉を指しています。

●指示語が指している段落を読み取らせる

例えば、「ありの行列」（光村図書『国語三下』令和二年度版）の⑤段落は、「これらのかんさつから、ウイルソンは、はたらきありが、地面に何か道しるべになるものをつけておいたのではないか、と考えました。」と書いてあります。「これら」の言葉は、③段落と④段落の観察を指しています。そこで、「**『これらのかんさつ』は、どれを指していますか?**」と発問して、考えさせます。「これ」と「これら」のちがいに気づかせて、二つの観察を指していることを読み取らせます。

また、「かんさつ」の言葉から、指示している一つの言葉ではなく、観察内容の全体を指していることにも気づかせて、③段落と④段落を指していることを読み取らせます。

指示語が指している段落を読み取らせる

説明文の発問術 10

接続語に着目させる

接続語に着目させて、文と文や段落と段落の関係をつかませる

接続語とは、文と文や段落と段落をつなぐつなぎ言葉のことです。接続語を使うことで、前の文や段落と後の文や段落の意味のつながりがはっきりします。接続語には、「それで」などのように前の文や段落と後の文や段落が自然につながるもの（順接）、「でも」などのように反対につながるもの（逆接）、「また」「それで」などのように付け足すものなどがあります。接続語に着目して読むと、文と文や段落と段落の関係が明らかになり、説明文の内容を詳しく読み取ることができます。

接続語に着目させて、文章構成を読ませる

例えば、「すがたをかえる大豆」（光村図書『国語三下』令和二年度版）では、「なか」の部分③〜⑦段落に大豆をおいしく食べるための工夫が書いてあります。「なか」の段落の書き出しは、「いちばん分かりやすいのは」「次に」「また」「さらに」「これらのほかに」という言葉になっています。そこで、「**『なか』をおいしく食べる工夫で分けると、いくつに分けられますか？**」と発問して、接続語に着目すると工夫が五つあることを読み取らせます。

「おわり」は⑧段落で、多くの食べ方が考えられた理由と感想が書いてあり、まとめになっています。そこで、「**『おわり』はどの段落ですか？**」と発問して、書かれている内容だけではなく、接続語の「このように」からもまとめになっていることを読み取らせます。

接続語に着目させて、文章構成を読ませる

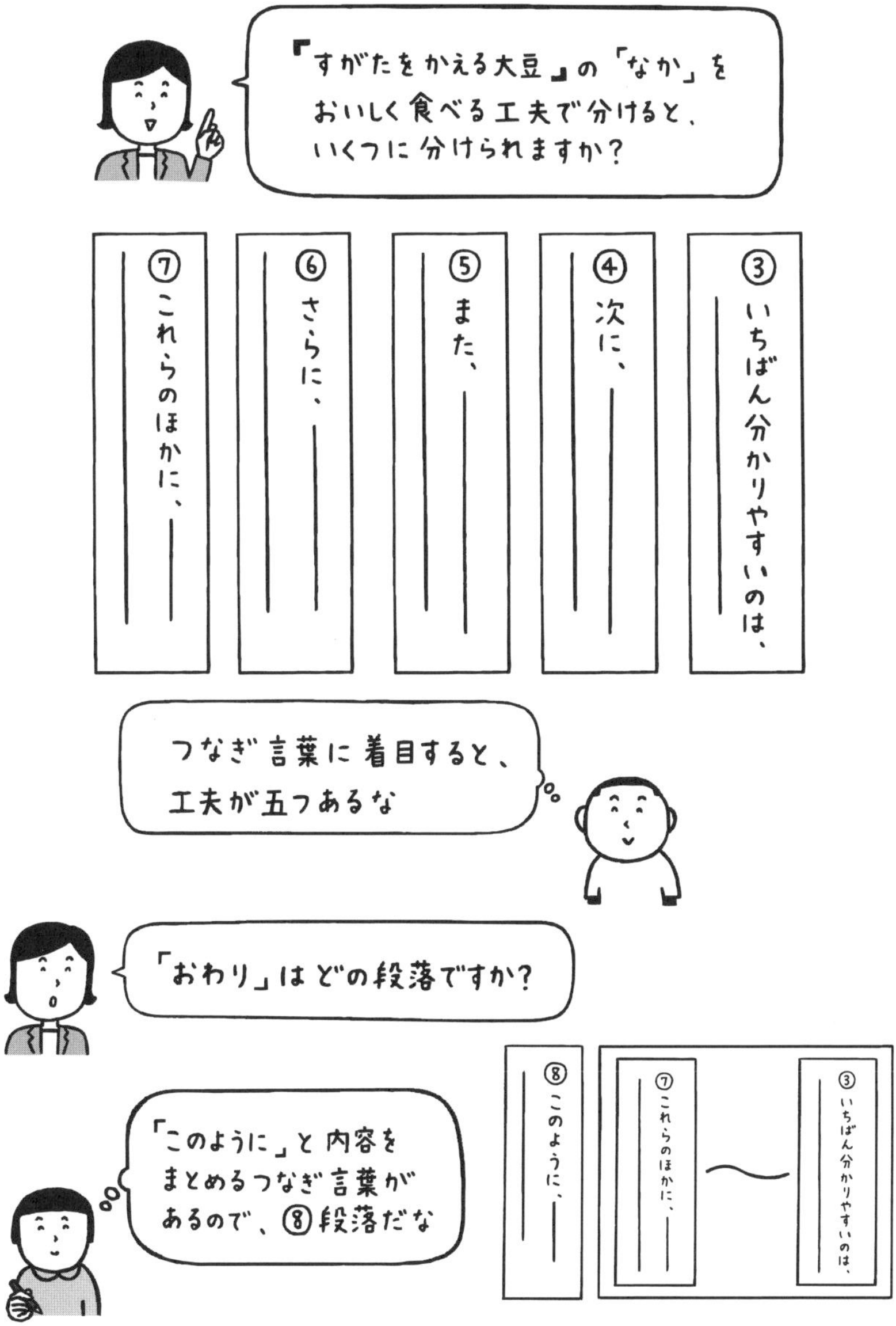
『すがたをかえる大豆』の「なか」をおいしく食べる工夫で分けると、いくつに分けられますか？
③いちばん分かりやすいのは、
④次に、
⑤また、
⑥さらに、
⑦これらのほかに、
つなぎ言葉に着目すると、工夫が五つあるな
「おわり」はどの段落ですか？
「このように」と内容をまとめるつなぎ言葉があるので、⑧段落だな
⑧このように、
⑦これらのほかに、
③いちばん分かりやすいのは、

説明文の発問術11

文末表現に着目させる

文末表現に着目させて、文の役割をつかませる

文末表現とは、文末の述語の表現形式のことです。文末の述語がどのような表現になっているかに着目して読むと、文の役割がわかります。例えば、「～ます。」は状況を客観的に説明している文末です。これに対して、「～でしょうか。」（問いかけ）、「～です。」（断定）、「～からです。」（理由）、「～ありません。」（否定）などは筆者の意図を伝える文末です。

文末表現から「したこと」と「わかったこと」を読み取らせる

例えば、「ありの行列」（「光村図書『国語三下』令和二年度版」）には、「～ました。」で終わる文と、「～です。」「～ます。」で終わる文があります。「～ました。」で終わる文には、「かんさつしました。」「さとうをおきました。」「見つけました。」「帰っていきました。」などがあります。そこで、「**したことを書いた文はどれですか？　見つけましょう**」と発問して見つけさせ、それが実験・観察・研究したことであることを読み取らせます。

「～です。」「～ます。」で終わる文には、「見かけることがあります。」「ずっとつづいています。」「はたらきありです。」「外れていないのです。」があります。そこで、「**わかったことを説明している文はどれですか？　見つけましょう**」と発問して見つけさせ、文末表現のちがいに気づかせます。

文末表現に着目させて、文の役割をつかませる

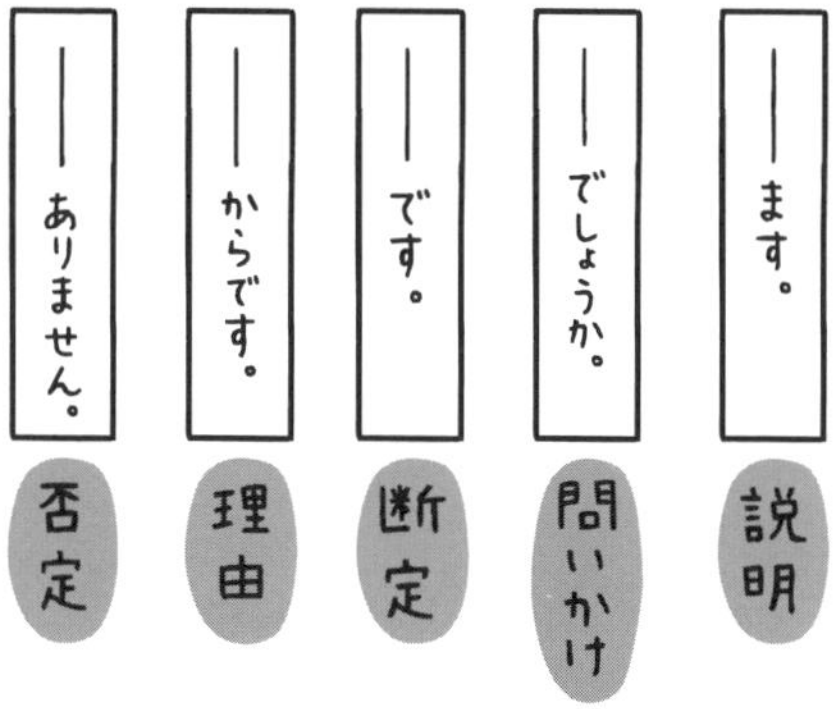
――ます。
説明
――でしょうか。
問いかけ
――です。
断定
――からです。
理由
――ありません。
否定

文末表現から「したこと」と「わかったこと」を読み取らせる

『ありの行列』でしたことを書いた文はどれですか？

「かんさつしました。」「さとうをおきました。」

「見つけました。」「帰っていきました。」

わかったことを説明している文はどれですか？

「見かけることがあります。」「（ありの行列が）ずっとつづいています。」

「はたらきありです。」「外れていないのです。」

説明文の発問術
12

対比に着目させる

対比に着目させて、ちがいを読み取らせる

対比とは、二つのものや事柄を比べてちがいをはっきりさせることをいいます。対比には、いろいろなタイプがあります。例えば、「どうぶつの赤ちゃん」（光村図書『こくご二下』令和二年度版）は、文章構成上の対比です。「はじめ」の部分に「どうぶつの　赤ちゃんは、生まれたばかりの　ときは、どんな　ようすを　して　いるのでしょう。そして、どのように　して、大きく　なって　いくのでしょう。」と二つの問いがあります。それに答えて、「なか1」では、「ライオンの　赤ちゃん」、「なか2」では「しまうまの　赤ちゃん」について説明しています。一つ目の「問い」の「答え」は、それぞれA「生まれたときの体の大きさ」B「目や耳の様子」C「親の姿との比較」について述べられ、ちがいがわかるように書かれています。そこで、**「『ライオンの　赤ちゃん』と『しまうまの　赤ちゃん』を比べて表にまとめると、どうなりますか？」**と発問して、ちがいを明らかにさせます。

また、「アップとルーズで伝える」（光村図書『国語四上』令和二年度版）の④段落と⑤段落は、論理についての対比になっています。「アップ」と「ルーズ」を対比しているだけでなく、④段落では、「アップ」でよくわかることと、「アップ」でわからないことが対比して書かれています。⑤段落では、「ルーズ」でよくわかることと、「ルーズ」でわからないことが対比して書かれています。そこで、**「『アップ』と『ルーズ』を比べて、よくわかることとわからないことを表にまとめると、どうなりますか？」**と発問して、ちがいを明らかにします。

対比に着目させて、ちがいを読み取らせる

『どうぶつの赤ちゃん』では「ライオンの赤ちゃん」と「しまうまの赤ちゃん」を比べて表にまとめると、どうなりますか？

	大きさ	目や耳	にているか
ライオンの赤ちゃん	子ねこぐらいの大きさ	目や耳はとじたまま	おかあさんにあまりにていない
しまうまの赤ちゃん	やぎぐらいの大きさ	目はあいていて、耳もぴんとたっている	おかあさんにそっくり

『アップとルーズで伝える』では「アップ」と「ルーズ」を比べて、よくわかることとわからないことを表にまとめると、どうなりますか？

	よくわかること	わからないこと
アップ	細かい部分の様子	うつされていない多くの部分のこと
ルーズ	広いはんいの様子	各選手の顔つきや視線、それらから感じられる気持ち

説明文の発問術 13

くり返しに着目させる

構成のくり返しに着目させて、文章の組み立てをつかませる

くり返しには、「表記のくり返し」「意味のくり返し」「構成のくり返し」があります。とくに、構成のくり返しは、文章の組み立て方がよくわかるので読み取りやすく、説得力のある文章になります。

例えば、「くちばし」（光村図書『こくご一上』令和二年度版）では、「いろいろな　とりの　くちばしの　かたちを　みて　みましょう。」という話題から始まり、その後、「さきが するどく とがった　くちばしです。」と挿絵のくちばしの形態を説明しておき、「これは、なんの　くちばしでしょう。」と問いかけます。それを受けた「答え」の部分では、「これは、きつつきの　くちばしです。」と答え、さらにその使い方も述べています。以下、「おうむ」「はちどり」についても同じパターンで「問い→答え」が三回くり返されていることに気づかせ、文章の組み立てをつかませます。

また、「じどう車くらべ」（光村図書『こくご一下』令和二年度版）では、「それぞれの　じどう車は、どんな　しごとを　して　いますか。」「その　ために、どんな　つくりに　なって　いますか。」という問いに対して、バス・じょうよう車、トラック、クレーン車の「しごと」と「つくり」を答えています。どれも同じパターンで述べられています。そこで、**「『答え』は何と何について書いてありますか？」**と発問して、「しごと」と「つくり」の区別を見分けられるようにさせます。

構成のくり返しに着目させて、文章の組み立てをつかませる

『くちばし』で何度も出てくる問いは何ですか？
「これは、なんの　くちばしでしょう。」という問いです。
それぞれどう答えていますか？
「これは、〜〜〜〜〜のくちばしです。」と答えています。
「問いと答え」のかたまりが全部でいくつありますか？
三つです
きつつき
おうむ
はちどり

説明文の発問術14

要点をまとめさせる

●体言止めで要点をまとめさせる

要点とは、段落の中で筆者が述べようとしている主要な内容のことです。要点をまとめるためには、まず段落を構成する文がいくつあるかを調べます。次に、それぞれの文の役割をとらえて、その中から中心になる文（柱の文）を見つけます。

多くの場合、中心になる文（柱の文）は、その段落の中でまとめになっています。したがって、中心になる文（柱の文）を短くまとめれば、それがその段落の要点になります。例えば、「すがたをかえる大豆」（光村図書『国語三下』令和二年度版）の第三段落には五つの文があります。

①いちばん分かりやすいのは、大豆をその形のままいったり、にたりして、やわらかく、おいしくするくふうです。②いると、豆まきに使う豆になります。③水につけてやわらかくしてからにると、に豆になります。④正月のおせちりょうりに使われる黒豆も、に豆の一つです。⑤に豆には、黒、茶、白など、いろいろな色の大豆が使われます。

「**中心になる文はどれですか？**」と発問して、①文を見つけさせます。そして、「**①文を短くまとめるとどうなりますか？**」と発問して、「いったり、にたりして、やわらかく、おいしくするくふう」とまとめさせます。

体言止めで要点をまとめさせる

『すがたをかえる大豆』の第三段落で中心になる文はどれですか？

中心になる文（柱の文）

①文 「いちばん分かりやすいのは、大豆をその形のままいったり、にたりして、やわらかく、おいしくするくふうです。」

↑

①文 の「いったり」を詳しく説明している文は、

②文「いると、豆まきに使う豆になります。」

---

①文 の「にたりして」を詳しく説明している文は、

③文「水につけてやわらかくしてからにると、に豆になります。」

④文「正月のおせちりょうりに使われる黒豆も、に豆の一つです。」

⑤文「に豆には、黒、茶、白など、いろいろな色の大豆が使われます。」

①文を短くまとめるとどうなりますか？

いったり、にたりして、やわらかく、おいしくするくふう

説明文の
発問術
15

小見出しをつけて、大づかみさせる

小見出しをつけて、内容を大づかみさせる

説明文の「なか」の部分を、同じ内容について説明されているまとまり（意味段落）ごとに分けると、筆者がどんなことについて説明しているかを大づかみすることができます。そして、まとまりごとに小見出しをつけると、「なか」の段落の相互関係や論理の流れがより明確になってきて、説明内容を一層大づかみしやすくなります。小見出しは、そのまとまりが何について述べられているかを短い語句で表現します。

小見出しを短い語句で表現させる

例えば、「すがたをかえる大豆」（光村図書『国語三下』令和二年度版）では、「なか1」〜「なか5」の各まとまり（各段落）は、大豆の食べ方の工夫について述べています。小見出しをつけると次のようになります。「なか1」……いったりにたりするくふう、「なか2」……こなにひくくふう、「なか3」……えいようを取り出すくふう、「なか4」……小さな生物の力をかりるくふう、「なか5」……とり入れ時期や育て方のくふう。

そこで、**「文末が『くふう』で終わる短い小見出しをつけると、どうなりますか？」**と発問して、できるだけ短い語句で小見出しを表現するようにさせます。

小見出しを短い語句で表現させる

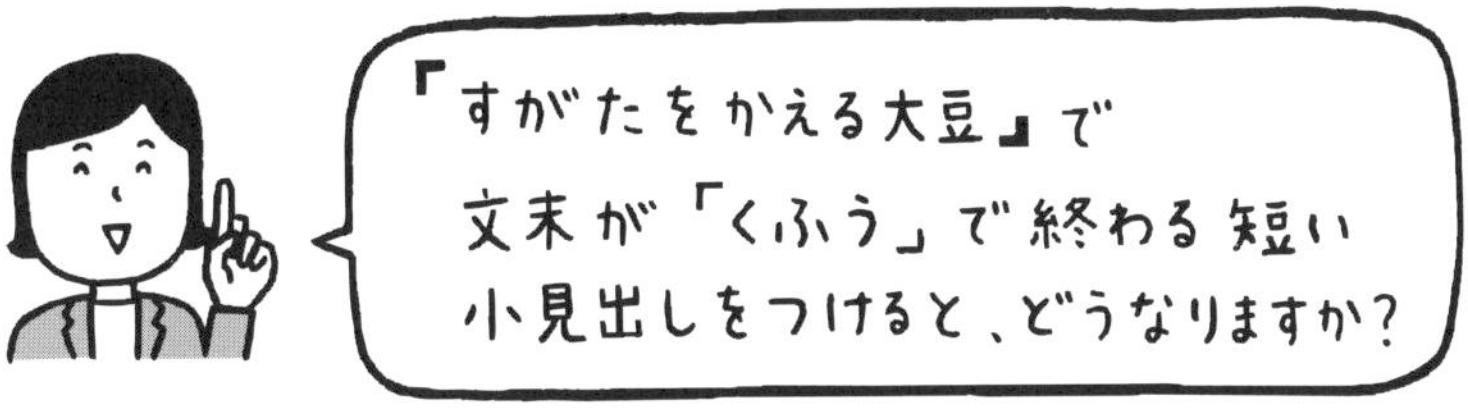
『すがたをかえる大豆』で
文末が「くふう」で終わる短い
小見出しをつけると、どうなりますか？

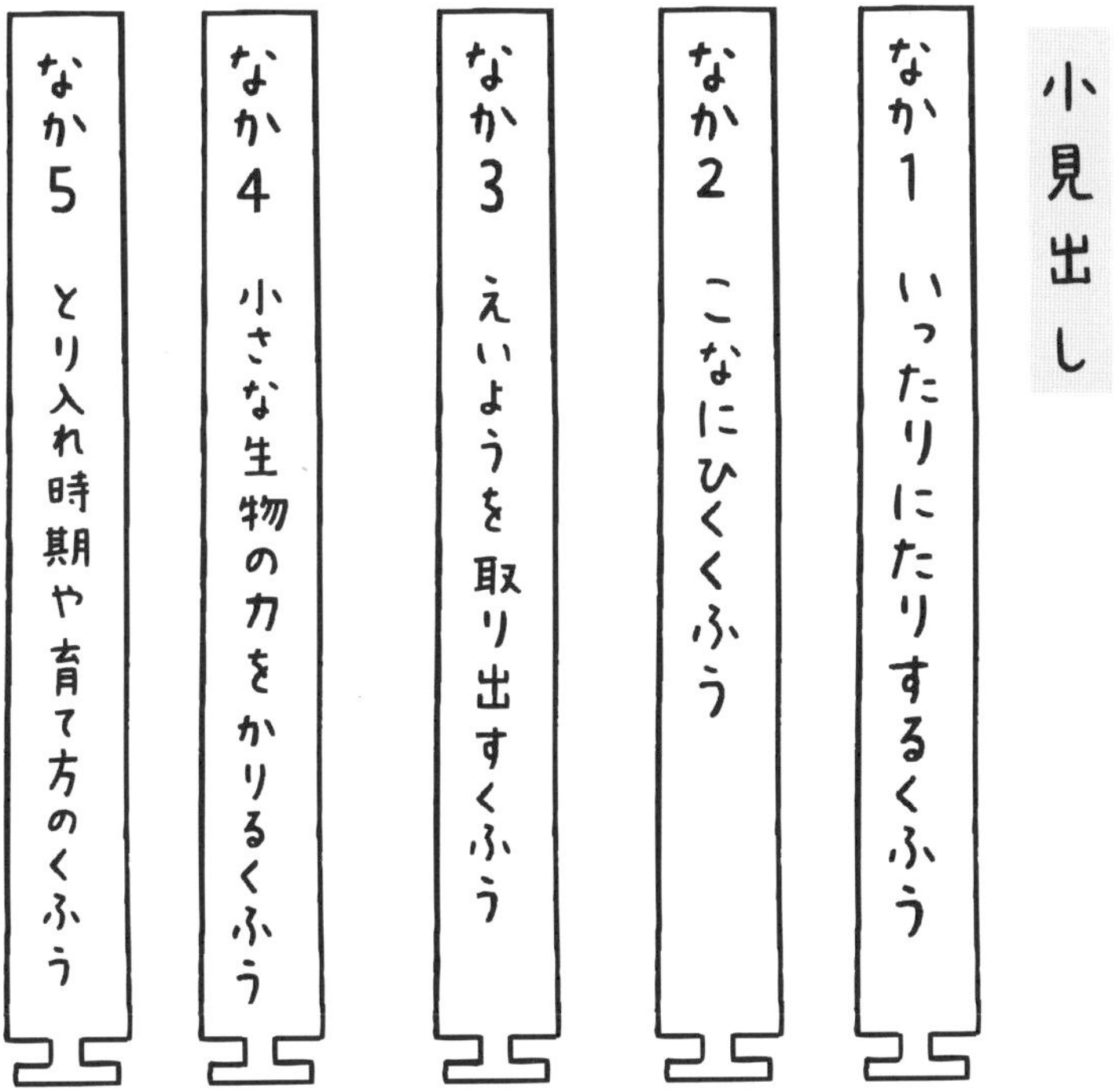
小見出し
なか1 いったりにたりするくふう
なか2 こなにひくくふう
なか3 えいようを取り出すくふう
なか4 小さな生物の力をかりるくふう
なか5 とり入れ時期や育て方のくふう

説明文の発問術16

要約させる

要点をつないで、短くまとめさせる

要約とは、段落の要点を段落相互の関連を考えてつないだものです。物語でいえば、あらすじにあたります。したがって、場合によっては使わない段落もあります。

例えば、「すがたをかえる大豆」（光村図書『国語三下』令和二年度版）の各段落の要点は、次のようになります。①段落「いろいろな食品にすがたをかえることが多いので、気づかれない大豆」、②段落「いろいろ手を加えて、おいしく食べるくふうをされてきた大豆」、③段落「いったり、にたりしてやわらかく、おいしくするくふう」、④段落「こなにひいて食べるくふう」、⑤段落「えいようを取り出して、ちがう食品にするくふう」、⑥段落「小さな生物の力をかりて、ちがう食品にするくふう」、⑦段落「とり入れる時期や育て方のくふう」、⑧段落「いろいろなすがたで食べられている大豆」。

「①～⑧段落の要点をつないで要約文をつくると、どうなりますか？」と発問して、次のような要約文（例）をつくらせます。

> 「大豆はいろいろ手をくわえておいしく食べるくふうがされてきた。いったりにたりするくふう、こなにひくくふう、えいようを取り出すくふう、小さな生物の力をかりるくふう、とり入れ時期や育て方のくふう。このように、大豆はいろいろなすがたで食べられている。」

要点をつないで、短くまとめさせる

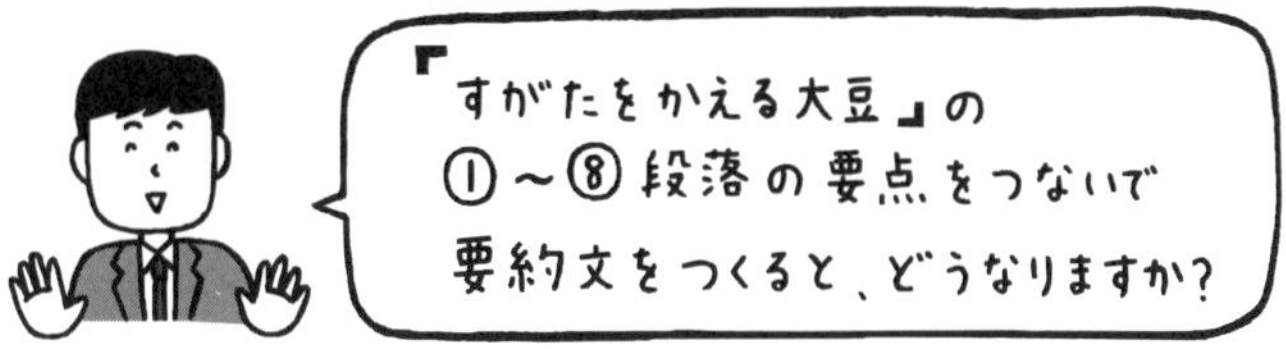

①段落要点 ＋ ②段落要点 ＋ ③段落要点 ＋ ④段落要点 ＋ ⑤段落要点 ＋ ⑥段落要点 ＋ ⑦段落要点 ＋ ⑧段落要点

↓

要約文

大豆はいろいろ手をくわえておいしく食べるくふうがされてきた。（①②）。そのくふうには、

- いったりにたりするくふう
- こなにひくくふう
- えいようを取り出すくふう
- 小さな生物の力をかりるくふう
- とり入れ時期や育て方のくふう

の五つがあり（③〜⑦）、いろいろなすがたで食べられている（⑧）。

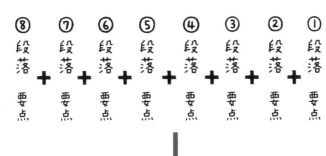

説明文の発問術 17

説明の仕方の工夫を見つけさせる

●再読させて、筆者の説明の仕方の工夫を発見させる

説明文を吟味するとは、読み取った文章への評価や批評を行うことです。説明文は、ある事柄についてよくわかっている筆者が、読み手にわかりやすく説明しようとするものです。ですから、できるだけわかりやすく興味深くしようとしてさまざまな説明の仕方や用語、図表、グラフ、写真、挿絵などを使い、工夫して述べています。そこで、筆者の述べ方の工夫を見つけて批評文を書かせるようにします。観点は、次の五つです。

①読み手が読みたくなるような興味や関心を引く工夫
②わかりやすい段落構成
③身近なこと、知っていることから説明を始める工夫
④興味や関心を引く用語の工夫
⑤わかりやすい図表、グラフ、写真、挿絵の工夫

例えば、「すがたをかえる大豆」（光村図書『国語三下』令和二年度版）では、「**わかりやすい説明文にするためにどんな工夫をしていますか？**」と発問して、次のような工夫を見つけさせます。①の工夫「『多くの人がほとんど毎日口にしているものがあります。なんだか分かりますか。』と関心を引いている。」、②の工夫「一つの段落に一つの工夫が書いてある。」、③の工夫「豆まきの豆、に豆から説明を始めている。」、④の工夫「『すがたをかえる』という用語を使っている。」、⑤の工夫「説明する食品や植物の写真を載せている。とくに『とうふ』は三枚の写真で作り方を説明している。」。

再読させて、筆者の説明の仕方の工夫を発見させる

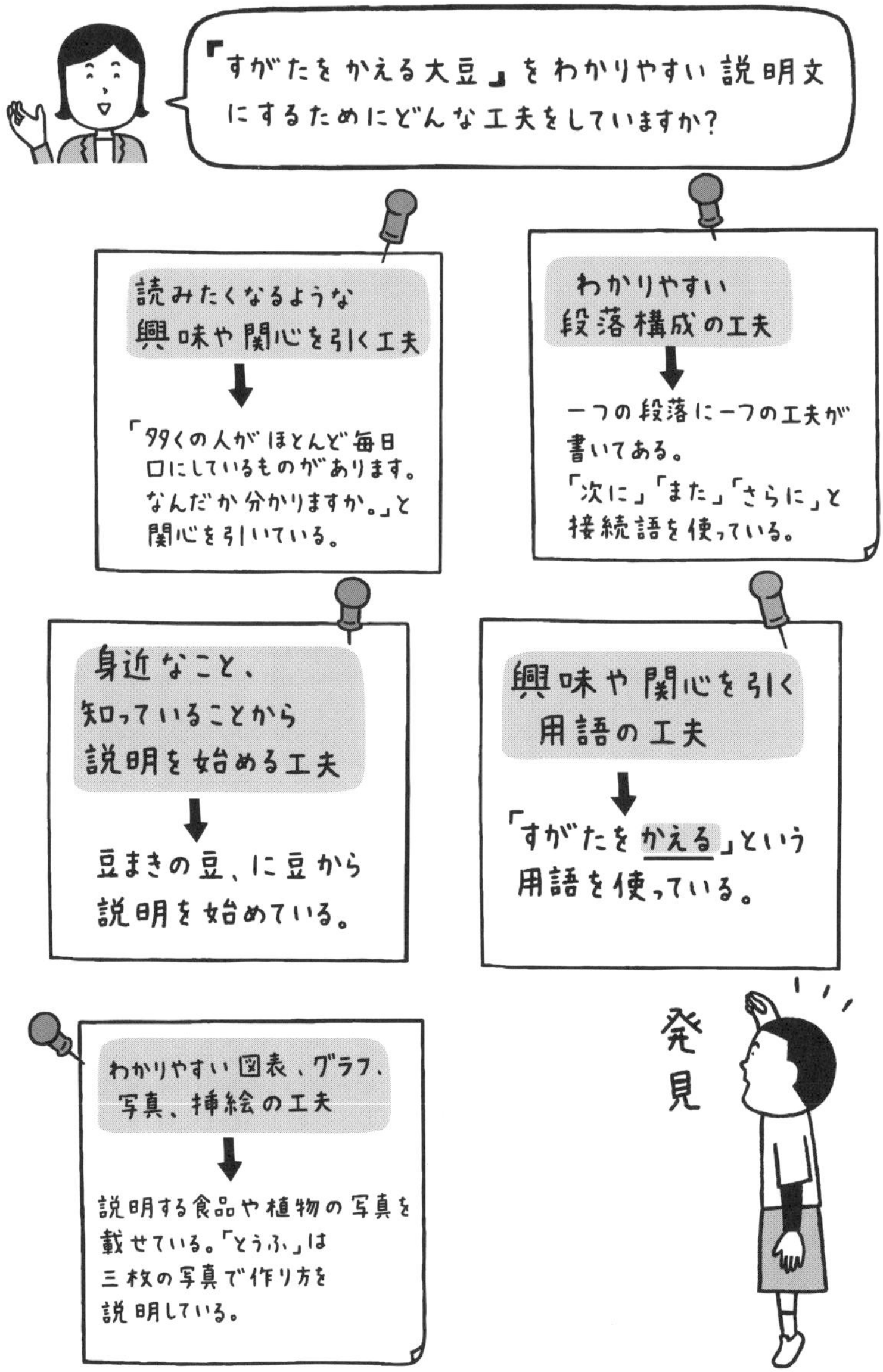
『すがたをかえる大豆』をわかりやすい説明文にするためにどんな工夫をしていますか？
読みたくなるような興味や関心を引く工夫
「多くの人がほとんど毎日口にしているものがあります。なんだか分かりますか。」と関心を引いている。
わかりやすい段落構成の工夫
一つの段落に一つの工夫が書いてある。
「次に」「また」「さらに」と接続語を使っている。
身近なこと、知っていることから説明を始める工夫
豆まきの豆、に豆から説明を始めている。
興味や関心を引く用語の工夫
「すがたをかえる」という用語を使っている。
わかりやすい図表、グラフ、写真、挿絵の工夫
説明する食品や植物の写真を載せている。「とうふ」は三枚の写真で作り方を説明している。
発見

説明文の発問術18

題名に着目させる

題名から文章全体の方向性や筆者の主張をとらえさせる

説明文の題名には、いろいろな種類があります。①読み手に話題を示すもの（「どうぶつ園のじゅうい」「すがたをかえる大豆」）、②読み手に問題や課題をはっきり示すもの（「こまを楽しむ」「ありの行列」）、③筆者の主張が凝縮されたもの（「生き物は円柱形」「想像力のスイッチを入れよう」）があります。

題名に着目することによって、事例を詳しく読むことができます。例えば、「たんぽぽのちえ」（光村図書『こくご二上』令和二年度版）は、文章全体にかかる「問い」がありません。しかし、「たんぽぽのちえ」という題名が「問い」の役割を果たして文章全体の方向性を示しているので、読み手には「たんぽぽのちえ」について読むことがわかります。そこで、「**たんぽぽには、どんなちえがあるのでしょうか？**」と発問して、読む構えをつくります。

また、題名に着目することによって筆者の主張に迫ることもできます。例えば、「生き物は円柱形」（光村図書『国語五』平成二十七年度版）は、題名が筆者の主張です。すなわち、地球上にはたくさんの生き物がいるが、形のうえではどれも円柱形をしているという共通性があることを主張しています。そこで、「**筆者がいちばん伝えたいことはなんですか？**」と発問して、筆者の主張をとらえさせます。

題名から文章全体の方向性をとらえさせる

たんぽぽには、どんなちえがあるのでしょうか？
たんぽぽの ちえ
うえむら としお 文
せと あきら 絵
たんぽぽのちえについて書いてあるんだな
題名
『たんぽぽのちえ』

題名から筆者の主張をとらえさせる

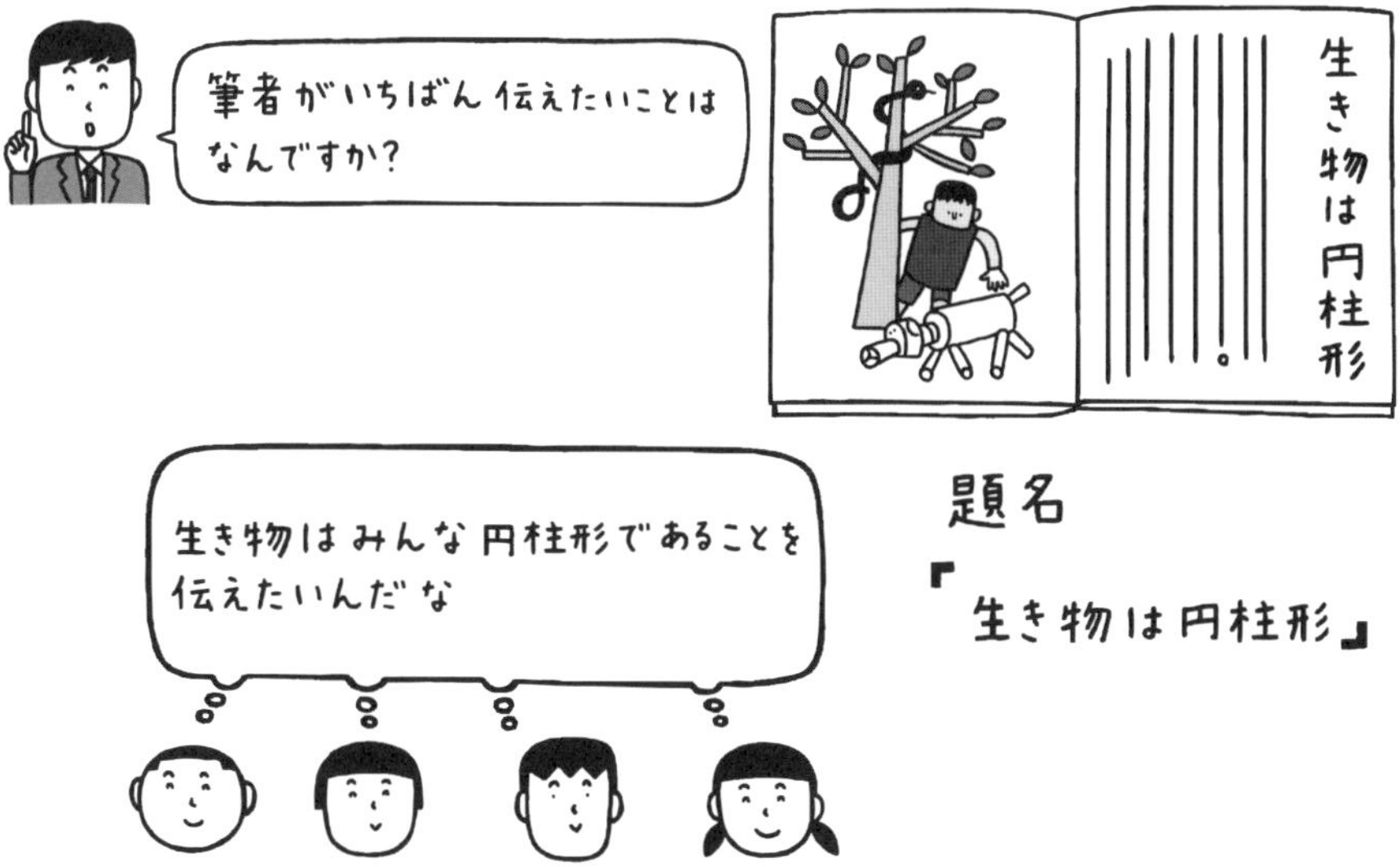
筆者がいちばん伝えたいことはなんですか?
生き物は円柱形
生き物はみんな円柱形であることを伝えたいんだな
題名
『生き物は円柱形』

説明文の
発問術
19

事柄の順序に着目させる

事柄の順序性を読み取らせる

説明文は、ある事柄についてよくわかっている筆者が、読み手にわかりやすく説明しようとするものです。ですから、読み手にとって身近なこと、知っていることから説明を始めるのが一般的です。

例えば、「じどう車くらべ」（光村図書『こくご一下』令和二年度版）では、「バスや　じょうよう車」→「トラック」→「クレーン車」の順に説明を進めています。また、「バスや　じょうよう車」は人を運ぶ仕事、「トラック」はものを運ぶ仕事、「クレーン車」はものをつり上げる仕事というように、子どもたちにとって身近な運ぶ仕事のじどう車から順に説明を進めています。そこで、「**『じどう車くらべ』のじどう車は、どんな順番で書かれていますか？**」と発問し、身近なこと、知っていることから説明を始めていることを読み取らせます。

また、例えば、「すがたをかえる大豆」（光村図書『国語三下』令和二年度版）では、「豆まきに使う豆」「に豆」→「きなこ」→「とうふ」→「なっとう」「みそ」「しょうゆ」の順に述べています。これは、大豆だとわかるものからわからないものの順番、加工食品を作るのに時間や手間がかからないものからかかるものの順番になっています。そこで、「**『すがたをかえる大豆』の食品は、どんな順番で書かれていますか？**」と発問して、食品を説明する順序の工夫について読み取らせます。

事柄の順序性を読み取らせる

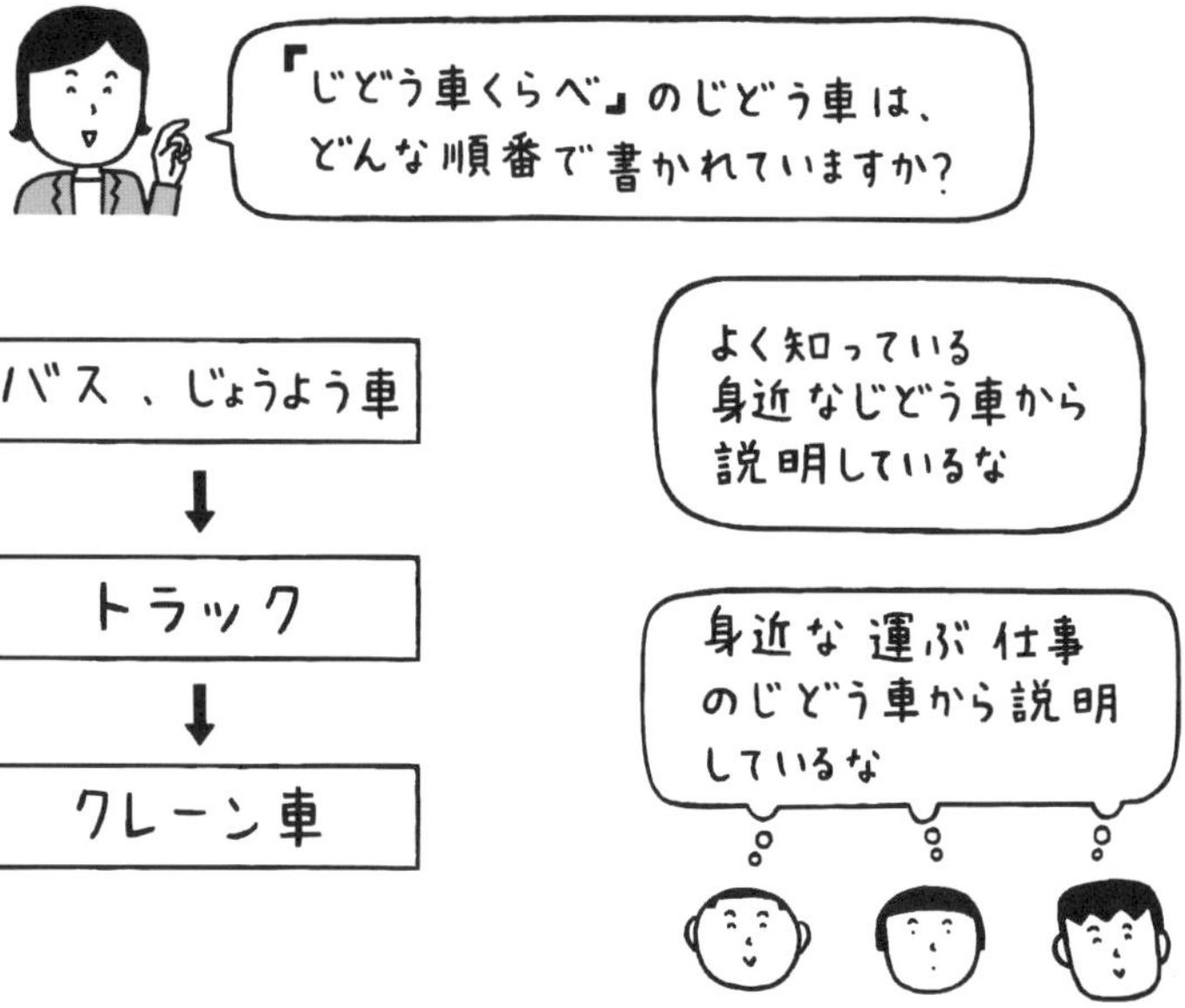

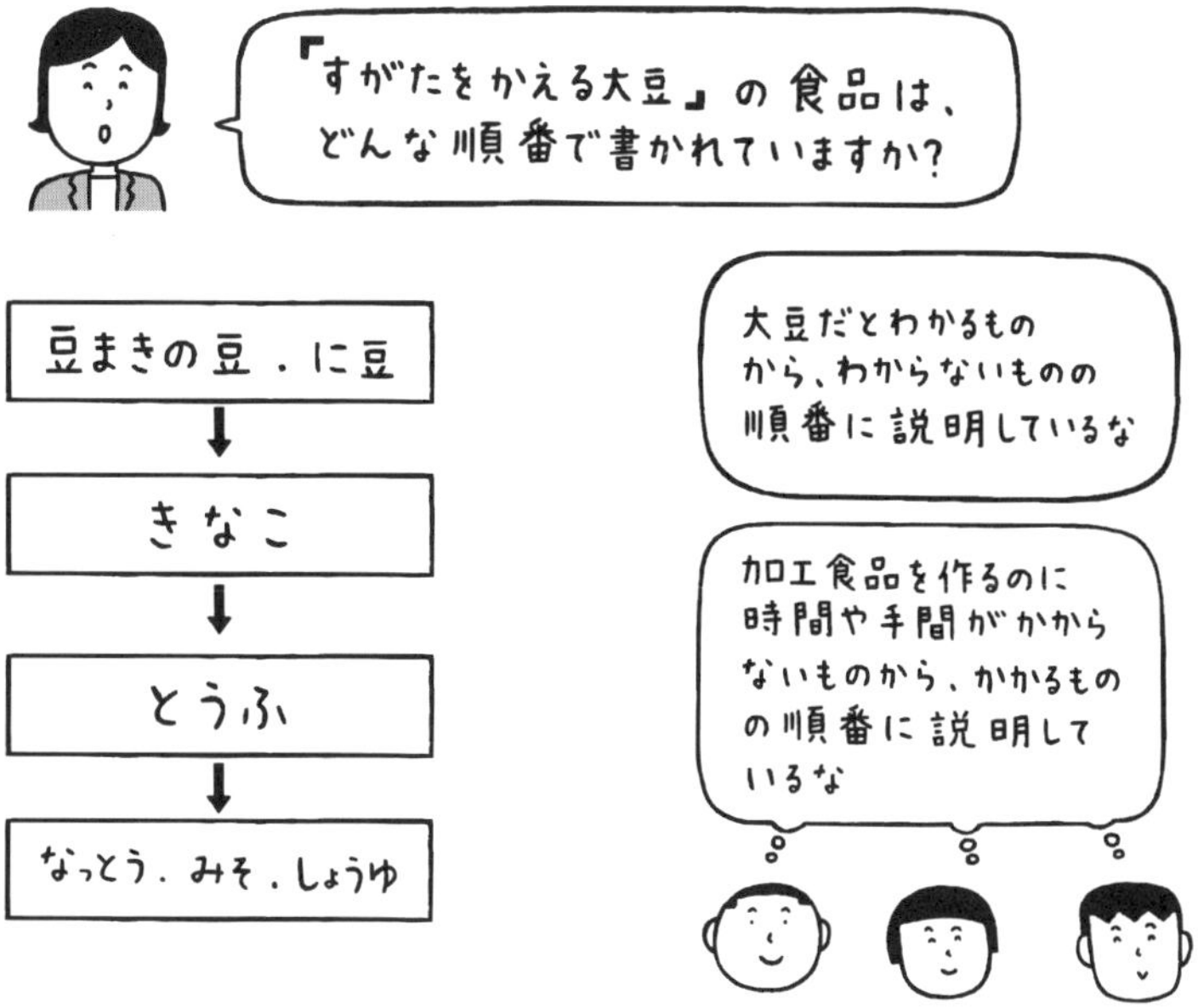

説明文の発問術20

リライトさせる

●リライトさせて、よりわかりやすい説明文にさせる

説明文を吟味するとは、読み取った文章への評価や批評を行うことです。吟味には、筆者が読み手にわかりやすく説明しようとする工夫を探す「評価的吟味」と、読み手にわかりづらい説明の仕方や不十分な説明の仕方になっているところを探す「批判的吟味」があります。「批判的吟味」をしたら、次にこれをよりわかりやすいものに書き換えさせたり、つけ加えさせたりします。

例えば、「すがたをかえる大豆」（光村図書『国語三下』令和二年度版）の⑦段落は「これらのほかに、とり入れる時期や育て方をくふうした食べ方もあります。」と述べ、植物のダイズとしてのえだ豆ともやしを紹介しています。③段落～⑥段落までは加工した食品の大豆について述べています。つまり、⑦段落は「すがたをかえる大豆」の例にはなっていないのです。そこで、「⑦段落の『これらのほかに、とり入れる時期や育て方をくふうした食べ方もあります。』をわかりやすい説明にすると、どのようになりますか？　書き換えましょう」と発問して、「ところで、食品の大豆の食べ方のくふうのほかに、植物のダイズをとり入れる時期や育て方をくふうした食べ方もあります。」などと書き換えさせて、⑦段落が別の枠組みで説明されていることを明確にさせます。

また、この説明文には文章全体にかかる「問い」がありません。そこで、「『問い』を入れるとしたら、どんな『問い』が考えられますか？」と発問して、②段落の最後に「では、どのようにくふうされてきたのでしょうか。」という「問い」を書き加えさせます。

リライトさせて、よりわかりやすい説明文にさせる

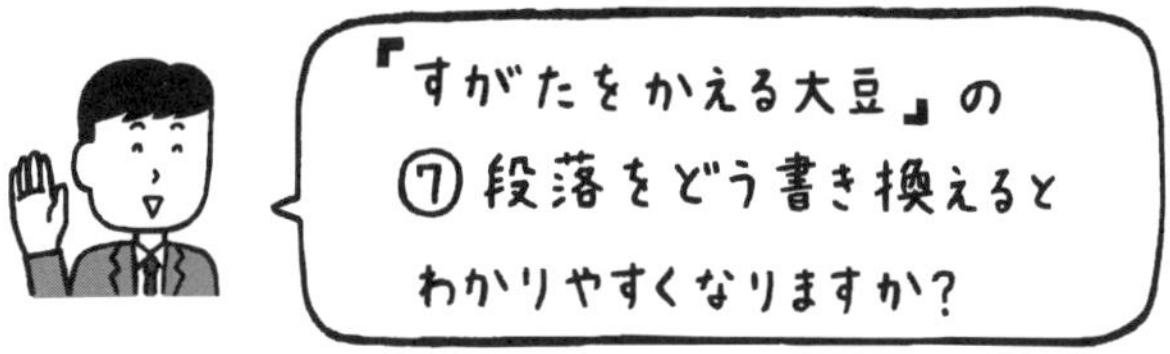
『すがたをかえる大豆』の
⑦段落をどう書き換えると
わかりやすくなりますか？

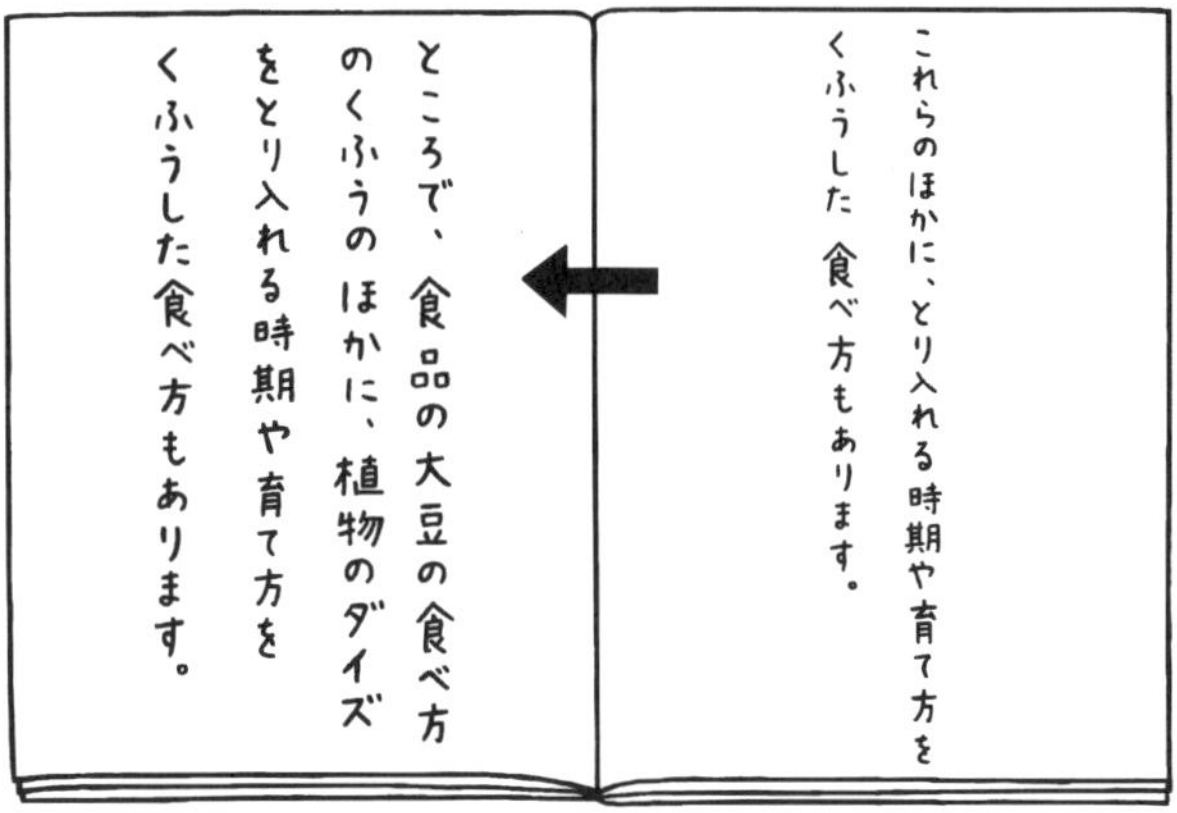
これらのほかに、とり入れる時期や育て方をくふうした 食べ方もあります。
ところで、食品の大豆の食べ方のくふうのほかに、植物のダイズをとり入れる時期や育て方をくふうした食べ方もあります。

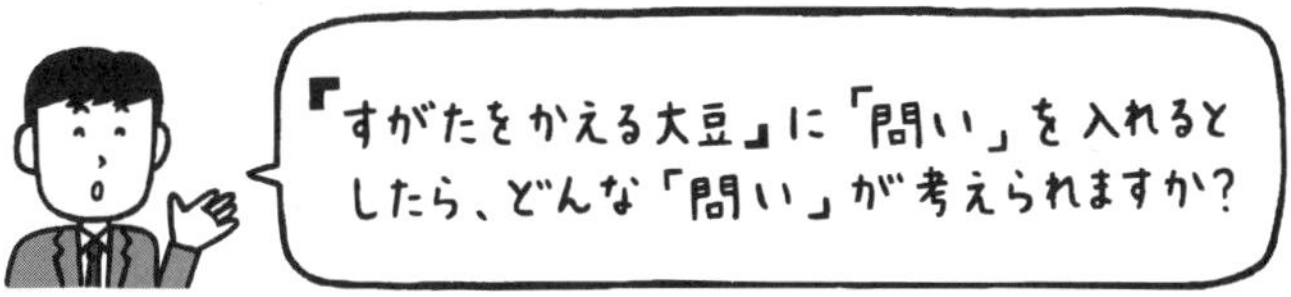
『すがたをかえる大豆』に「問い」を入れるとしたら、どんな「問い」が考えられますか？

②段落
大豆は、ダイズという植物のたねです。
そのため、昔からいろいろ手をくわえて、おいしく食べるくふうをしてきました。
問い
では、どのように、くふうされてきたのでしょうか。

Column 4

よい発問とよくない発問のちがい

よくない発問とは、抽象的で漠然とした発問のことです。例えば、物語「ごんぎつね」（光村図書『国語四下』令和二年度版）の学習で、「この物語を読んで、どんなことを思いましたか？」という発問をすると、子どもたちは自分の感想を発表し合うだけで終わってしまい、学習は深まりません。

これに対して、よい発問とはめあての達成に向けて焦点化した発問のことです。先の例でいえば、まず「『ごんぎつね』の最後の場面で、心に残ったところはどの文ですか？」と焦点化して発問します。子どもたちからは「兵十は、火なわじゅうをばたりと取り落としました。」「青いけむりが、まだつつ口から細く出ていました。」などが出てきます。

次に、これらの文に焦点を当てて、読み取りを深めます。例えば、「『青いけむりが、まだつつ口から細く出ていました。』の文を、作者はなぜ入れたのでしょうか？　考えましょう」と発問します。話し合いが活発にならないときには、「白いけむりではなく、『青いけむり』なのは、なぜですか？」「わざわざ『細く』と書いたのは、なぜですか？」と別の視点から発問し、作者の意図を読み解かせます。

このように、めあての達成に向けて焦点化した発問をすることが大事です。

第5章

「深い学び」を引き出す！物語の発問術

物語の発問術 1

場面に着目させる

物語のまとまりを意識させる

物語のまとまりのことを「場面」といいます。物語は、いくつかの場面がつながって進んでいきます。一つひとつの場面は、「時を表す言葉」「場を表す言葉」「人物を表す言葉」で書かれており、小さなストーリーとしてまとまっています。この三つの要素のうち、一つでも変化すると場面が変わります。これは紙芝居に当てはめて考えてみると、よくわかります。「時」がたてば場面が変わります。「場所」が変わっても場面が変わります。また、「人物」の状況が変わったり、新しい人物が出てきたりしても場面は変わります。

場面に着目させて、物語のあらすじをとらえさせる

授業で場面分けをするのは、場面というまとまりを意識しながら読み、物語の大きな流れ(あらすじ)をとらえるためです。例えば、「スイミー」(光村図書『こくご二上』令和二年度版)では、①スイミーを紹介する場面、②スイミーたちがまぐろにおそわれる場面、③スイミーが海中生物と出会う場面、④スイミーがスイミーのきょうだいたちとそっくりの小さな魚のきょうだいたちに出会う場面、⑤スイミーたちが大きな魚を追い出す場面で構成されています。そこで、「**『スイミー』のお話には、どんな場面がありますか?**」と発問し、物語の大きな流れを読み取らせます。

場面に着目させて、物語のあらすじをとらえさせる

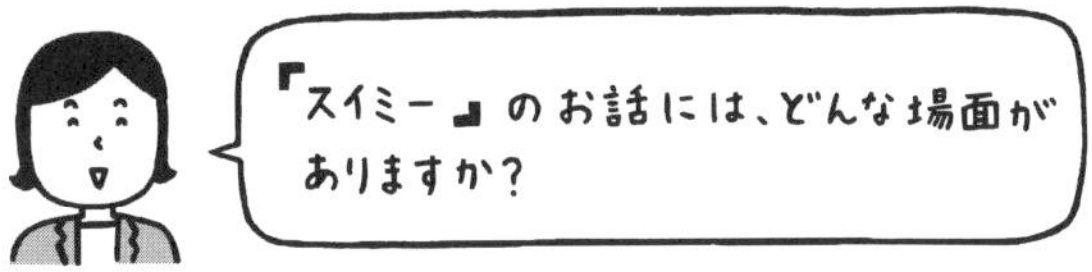
『スイミー』のお話には、どんな場面がありますか？

スイミーを 紹介する 場面

スイミーたちがまぐろにおそわれる 場面

スイミーが 海中生物と出会う 場面

スイミーがスイミーのきょうだいたちとそっくりの 小さな 魚のきょうだいたちに出会う 場面

スイミーたちが 大きな 魚を追い出す 場面

物語の発問術2

文章構成に着目させる

文章構成に着目させ、あらすじをとらえさせる

物語には、「導入部（まえばなし）」――「展開部」――「山場」――「終結部（あとばなし）」の典型構成があります。それを手がかりにして、物語の文章構成を読んでいくと、物語の大きな流れをとらえることができます。「導入部」は、「まえばなし」ともいわれ、事件が始まる前に人物設定や時・場の状況設定が示されます。「終結部」は「あとばなし」ともいわれ、事件が終わったあとの後日談が示されます。そして、中心的な事件が「展開部」と「山場」から構成されます。とくに「山場」は、事件の後半で盛り上がり、緊張感が増すところです。そして、「山場」の中には、事件の流れが決定的となる「クライマックス」があり、物語の主題にも強くかかわります。

このような四部構成のほかに「終結部」がない三部構成の物語もあります。

物語の四部構成をつかませる

例えば、斎藤隆介の「モチモチの木」（光村図書『国語三下』令和二年度版）は、小見出しがついた五つの場面で構成されています。第1場面と第2場面が導入部、第3場面が展開部、第4場面が山場、第5場面が終結部です。この物語の中心的な事件は、おくびょう豆太がモチモチの木の見え方により、じつは勇気のある子どもだとわかることです。そこで、**「『モチモチの木』の文章構成は、どうなりますか？」**と発問し、四部構成を読み取らせます。

物語の四部構成をつかませる

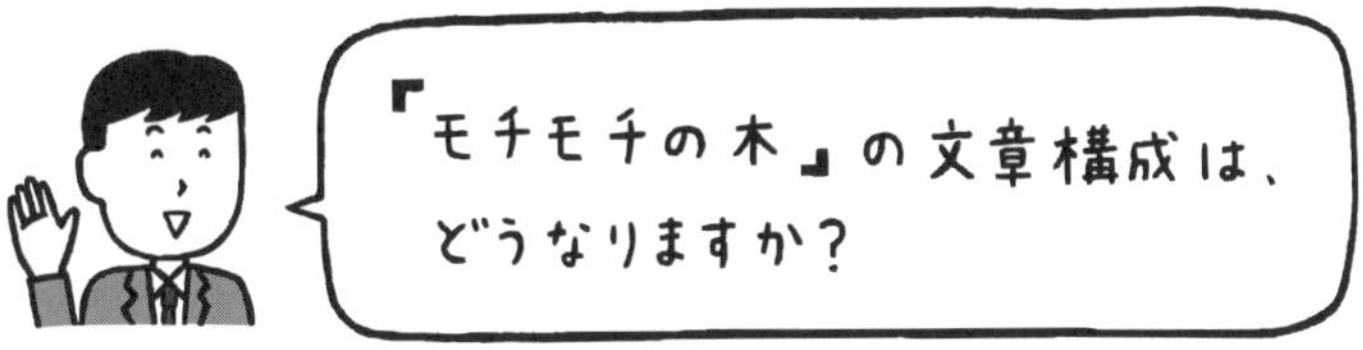

導入部（まえばなし）
- 第1場面　おくびょう豆太《まめた》
- 第2場面　やい、木い

展開部
- 第3場面　霜月《しもつき》二十日のばん

山場
- 第4場面　豆太は見た
- ★クライマックス「モチモチの木に、灯がついている。」

事件（出来事）：第3場面〜第4場面

終結部（あとばなし）
- 第5場面　弱虫でも、やさしけりゃ

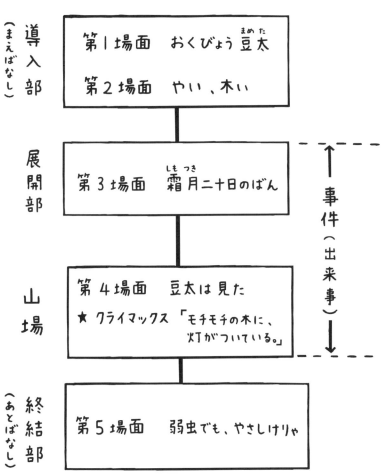

物語の発問術3

文章構造表を書かせる

●物語の文章構造表を書かせて、全体像をとらえさせる

物語を読み取る授業では、まず場面というまとまりを意識しながら読ませて、物語の大きな流れ（あらすじ）をとらえさせ、物語の全体像をつかませます。その際、事件（出来事）がもっとも大きく変わる箇所（クライマックス）にも注目させます。

そこで、どんな事件（出来事）がどのように展開していくかがわかるような文章構造表を子どもたちに書かせます。文章構造表は、「導入部（まえばなし）」――「展開部」――「山場」――「終結部（あとばなし）」の四つに分け、それにクライマックスを位置づけます。例えば、斎藤隆介の「モチモチの木」（光村図書『国語三下』令和二年度版）では、第1場面と第2場面が「導入部（まえばなし）」、第3場面が「展開部」、第4場面が「山場」、第5場面が「終結部（あとばなし）」になります。そして、中心人物の豆太にとって、日常とはちがった事件（出来事）が起こるのは第3場面と第4場面です。そこで、**「五つの場面を、『導入部（まえばなし）』『展開部』『山場』『終結部（あとばなし）』に分けるとどうなりますか？」**と発問します。

次に、事件（出来事）が決定的となる箇所（クライマックス）を書き込ませます。「モチモチの木に、灯がついている。」がクライマックスになります。豆太が勇気を出した証しにモチモチの木の灯を見ることができたからです。そこで、**「事件（出来事）が決定的となる箇所はどこですか？　山場からクライマックスを見つけましょう」**と発問します。

物語の文章構造表を書かせて、全体像をとらえさせる

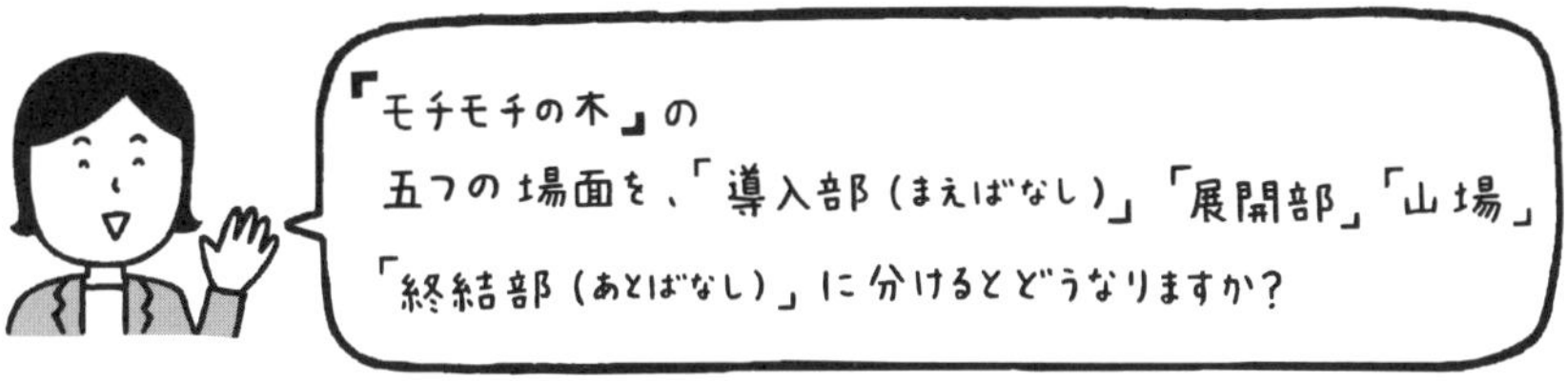
『モチモチの木』の
五つの場面を、「導入部（まえばなし）」「展開部」「山場」
「終結部（あとばなし）」に分けるとどうなりますか？

導入部（まえばなし）		←事件（出来事）→		終結部（あとばなし）
		展開部	山場	
第1場面（おくびょう豆太《まめた》）	第2場面（やい、木ぃ）	第3場面（霜月《しもつき》二十日のばん）	第4場面（豆太は見た） ⇩ 「モチモチの木に、灯がついている。」 クライマックス	第5場面（弱虫でも、やさしけりゃ）

「山場」から
クライマックスを見つけましょう

物語の発問術4

事件に着目させる

どんな事件があるのかを考えさせる

事件とは、物語の中にある出来事のことです。事件というと、警察が出てくるようなたいへんなことや、解決しなくてはならないトラブルと考えがちですが、そうではありません。登場人物が出会ったり、引き起こしたりする出来事のことです。したがって、物語は、始まりから終わりまでいくつかの事件が鎖のようにつながってできていると考えてよいでしょう。そして、物語の山場には中心となる事件が描かれています。どんな事件があるかを考えながら読むことによって、物語を深く読み取ることができます。

いくつかの事件の中から中心的な事件を見つけさせる

例えば、「わたしはおねえさん」（光村図書『こくご二下』令和二年度版）は、ある日の限られた時間の中で中心人物のすみれちゃんが、事件を通して妹にやさしいおねえさんに変容することが描かれています。そこで、「**『わたしはおねえさん』には、どんな事件がありましたか？**」と発問して、①「すみれちゃんがコスモスに水やりする事件」、②「妹のかりんちゃんがノートに落書きする事件」、③「『あはは。』とわらって妹を許す事件」を読み取らせます。そして、「**この中で物語の中心となる事件はどれですか？**」と発問し、③が中心人物の大きな変容につながる事件であることを読み取らせます。

いくつかの事件の中から中心的な事件を見つけさせる

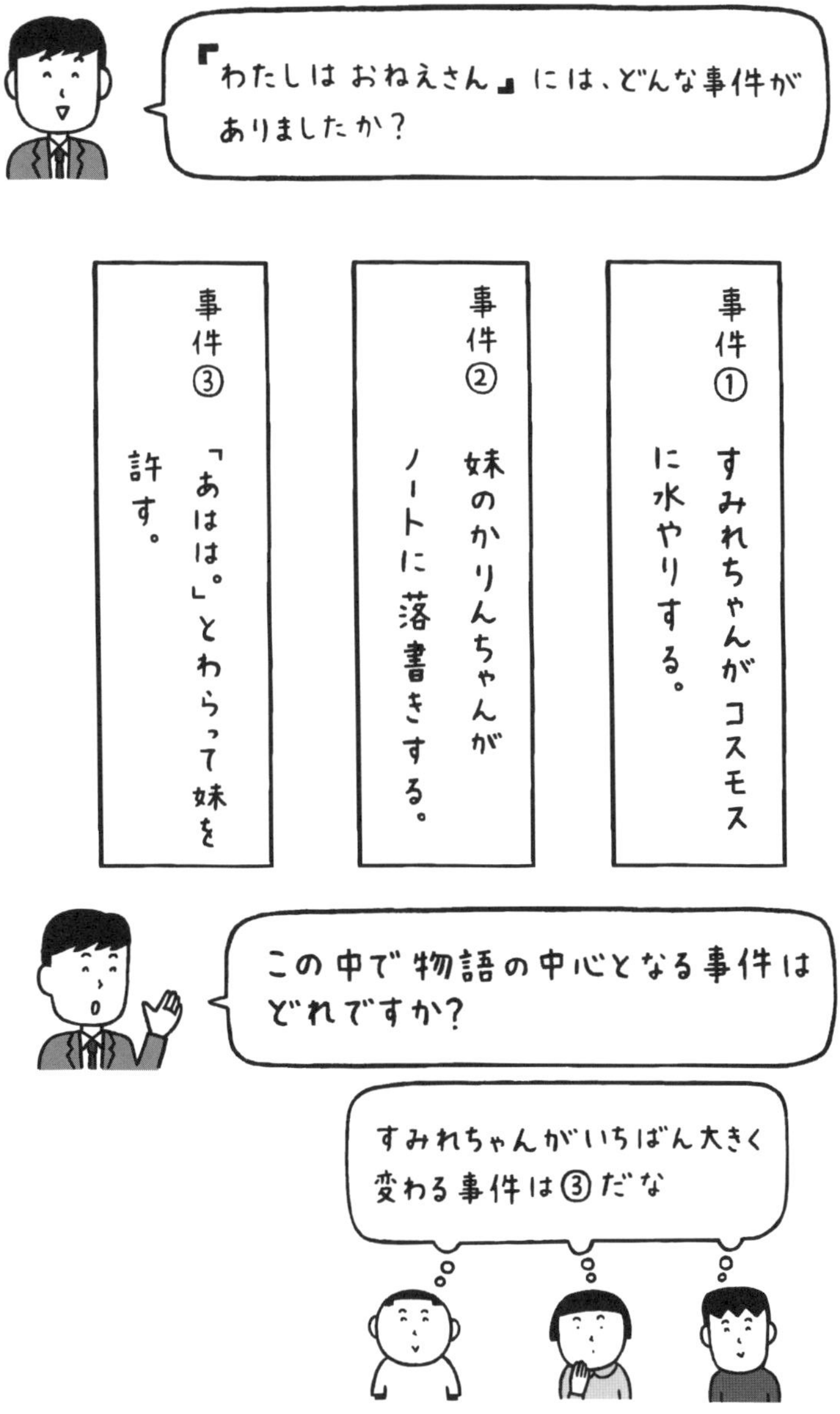
『わたしは おねえさん』には、どんな事件がありましたか？
事件① すみれちゃんがコスモスに水やりする。
事件② 妹のかりんちゃんがノートに落書きする。
事件③ 「あはは。」とわらって妹を許す。
この中で物語の中心となる事件はどれですか？
すみれちゃんがいちばん大きく変わる事件は③だな

第5章
物語の発問術

物語の発問術 5 クライマックスに着目させる

●クライマックスに着目させて、作品の主題をとらえさせる

物語は、「導入部（まえばなし）」――「展開部」――「山場」――「終結部（あとばなし）」という四つの部分でできていることが多く、とくに「山場」の中には事件の流れが決定的となる「クライマックス」があります。

「クライマックス」は、中心人物の心情や様子がいちばん大きく変容したところで、事件の流れが決定的となります。そして、描写の密度がとくに高く、読み手に対してより強くアピールする書かれ方になっています。また、作品の主題がいちばん表れています。

●クライマックスに着目させて、中心人物の変容を読み取らせる

中心人物の変容を読み取る際には、①人間相互の関係性の変化、②中心人物の見方の変化、③中心人物の言動の変化をものさしにします。

例えば、「大造《だいぞう》じいさんとガン」（光村図書『国語五』令和二年度版）では、「中心人物の見方の変化」という視点で読み取ります。すなわち、「**大造じいさんの残雪に対する見方はどのように変化したのでしょうか？**」という発問をして、「たかが鳥のことだ」→「『ううん。』と、うなってしまいました。」→「強く心を打たれて、ただの鳥に対しているような気がしませんでした。」と残雪に対する見方が変容していることを読み取らせます。

クライマックスに着目させて、中心人物の変容を読み取らせる

大造じいさんの残雪に対する見方はどのように変化したのでしょうか？
たかが鳥のことだ
「ううん。」と、うなってしまいました。
クライマックス
強く心を打たれて、ただの鳥に対しているような気がしませんでした。
クライマックスに向かって残雪に対する見方がどんどん変わっているな

物語の発問術 6

設定に着目させる

設定を読ませ、物語の輪郭をつかませる

設定とは、物語のはじめの部分に説明される「時」「場」「人物」のことです。一般的に物語は、はじめに物語の輪郭をつくっておいてから、そのあと「ある日のこと」などと、出来事（事件）が描写され、事件（出来事）が展開していきます。したがって、設定に着目して中心人物のおかれている状況を読んでおくことは、物語全体を読み取るうえでたいへん重要です。

設定をきちんと読み、内容をつかませる

例えば、「ごんぎつね」（光村図書『国語四下』令和二年度版）では、設定を次のように読み取らせます。まず、**「『ごんぎつね』は、いつごろの話ですか？」**と発問し、「おしろ」「中山様というおとの様」から「さむらいのいた時代」を読み取らせます。次に、**「ごんが住んでいた場所はどこですか？」**と発問し、「中山から少しはなれた山の中」から「村人からは見つかりにくく、すぐ村へ出かけられる所」を読み取らせます。さらに、**「ごんはどんなきつねですか？」**と発問し、「あなをほって住んでいました。」から「用心深い」、「ひとりぼっちの小ぎつね」から「ひとりでもたくましく生きる力がある」「子ぎつねではなく、体の小さいきつねである」、「いたずらばかり」から「村人が騒ぐのを楽しみ、気を引こうとしている」ことを読み取らせます。

設定をきちんと読ませ、読みを深めさせる

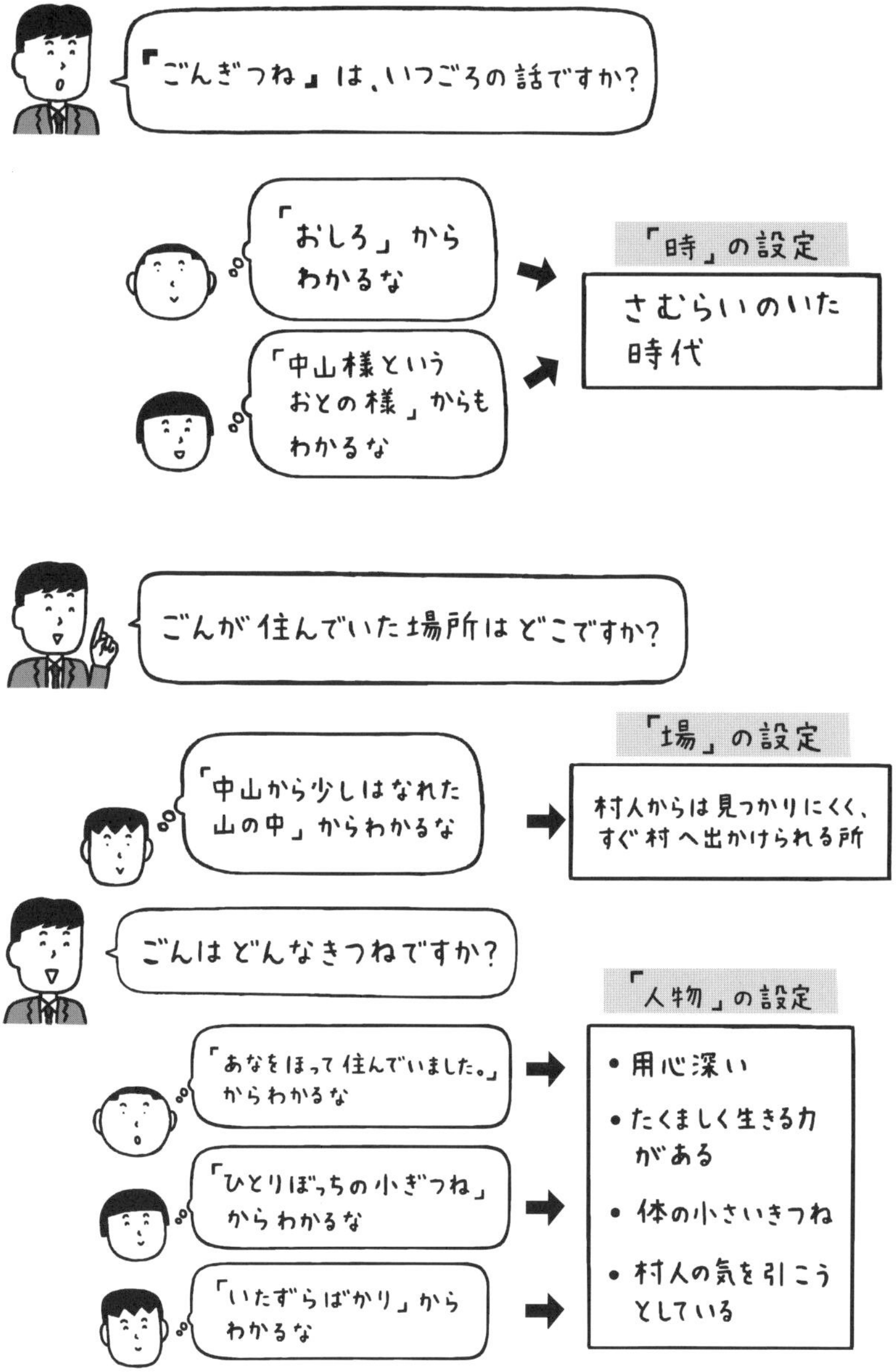
『ごんぎつね』は、いつごろの話ですか？
「おしろ」からわかるな
「中山様というおとの様」からもわかるな
「時」の設定
さむらいのいた時代
ごんが住んでいた場所はどこですか？
「中山から少しはなれた山の中」からわかるな
「場」の設定
村人からは見つかりにくく、すぐ村へ出かけられる所
ごんはどんなきつねですか？
「あなをほって住んでいました。」からわかるな
「ひとりぼっちの小ぎつね」からわかるな
「いたずらばかり」からわかるな
「人物」の設定
• 用心深い
• たくましく生きる力がある
• 体の小さいきつね
• 村人の気を引こうとしている

物語の発問術 7

語り手に着目させる

語り手に着目させて、視点を明らかにする

物語には、必ず語り手がいます。劇でいえばナレーターの役割です。語り手の視点には、自分の目線で語る「一人称限定視点」、特定の人物に寄り添い客観点な視点で語る「三人称限定視点」、場面ごとに寄り添う視点人物が変わる「三人称全知視点」などがあります。

「一人称限定視点」の場合は、視点が人物の内にあるので、語り手の語る内容を通してその人物の心情をつかむことができます。「三人称限定視点」や「三人称全知視点」の場合は、特定の人物や場面ごとに変わる人物に寄り添うので、客観点な視点で人物の心情や様子をつかむことができます。

語り手の視点を明らかにして、人物の心情を読み取らせる

例えば、「あめ玉」（光村図書『国語五』平成二十七年度版）は、わたし舟に乗っている二人の子ども連れの母親と、黒ひげを生やしたさむらいとによって事件が展開します。この物語の語り手は、一貫して母親に寄り添い重なりながら語っています。黒ひげを生やし強そうなさむらい像、傍若無人に見える態度に描かれたさむらい像は、さむらいは、こわいものであるという既成概念にとらわれている母親の心理によって構成されたさむらい像です。

このことを読み取らせるために、「**『あめ玉』は誰の視点で書かれていますか？**」と発問します。そして、こわそうなさむらい像は、母親が勝手に思い込んださむらい像であることを読み取らせます。

語り手の視点を明らかにして、人物の心情を読み取らせる

『あめ玉』は誰の視点で書かれていますか？

「『おうい、ちょっと待ってくれ。』と、土手の向こうから手をふりながら、さむらいが一人走ってきて、舟に飛びこみました。」から、すでに舟に乗っている母親の視点で書かれていることがわかるな

「さむらいは舟の真ん中にどっかりすわっていました。」 ➡ 母親から見た人物像①　えらそう

「黒いひげを生やして強そうなさむらい」 ➡ 母親から見た人物像②　こわくて強そう

さむらいは、いばっていてこわくて強いものだと母親は思い込んでいるんだな

物語の発問術 8

中心人物の変容に着目させる

●中心人物の変容を読み取るものさしを与える

物語の多くは、登場人物の中の中心人物が始まりと終わりで変容するのが一般的です。物語全体を考えると、変容の境目はクライマックスです。すなわち、中心人物がクライマックスに向かって少しずつ変容していき、クライマックスでいちばん大きく変容します。

中心人物の変容を読み取る際には、①人物相互の関係性の変化（「ごんぎつね」でのごんと兵十の関係性）、②中心人物の見方の変化（「大造《だいぞう》じいさんとガン」での大造じいさんの残雪に対する見方）、③中心人物の言動の変化（「スイミー」でのスイミーの言動）をものさしにして読み取っていきます。

●中心人物の変容を読み取らせる

例えば、「スイミー」（光村図書『こくご二上』令和二年度版）では、次のように登場人物が変容していきます。スイミーは、おそろしいまぐろに襲われて暗い海の底を逃げまわります。しかし、海中生物と出会うことによってだんだん元気を取り戻します。そして、スイミーのきょうだいたちとそっくりの小さな魚のきょうだいたちに出会い、その後、大きな魚を追い出すまでに変容していきます。

そこで、「**スイミーはどのように変わっていきましたか？**」と発問して、スイミーがリーダーらしくなり、大きな魚を追い出すまでに成長していくことを読み取らせます。

中心人物の変容を読み取らせる

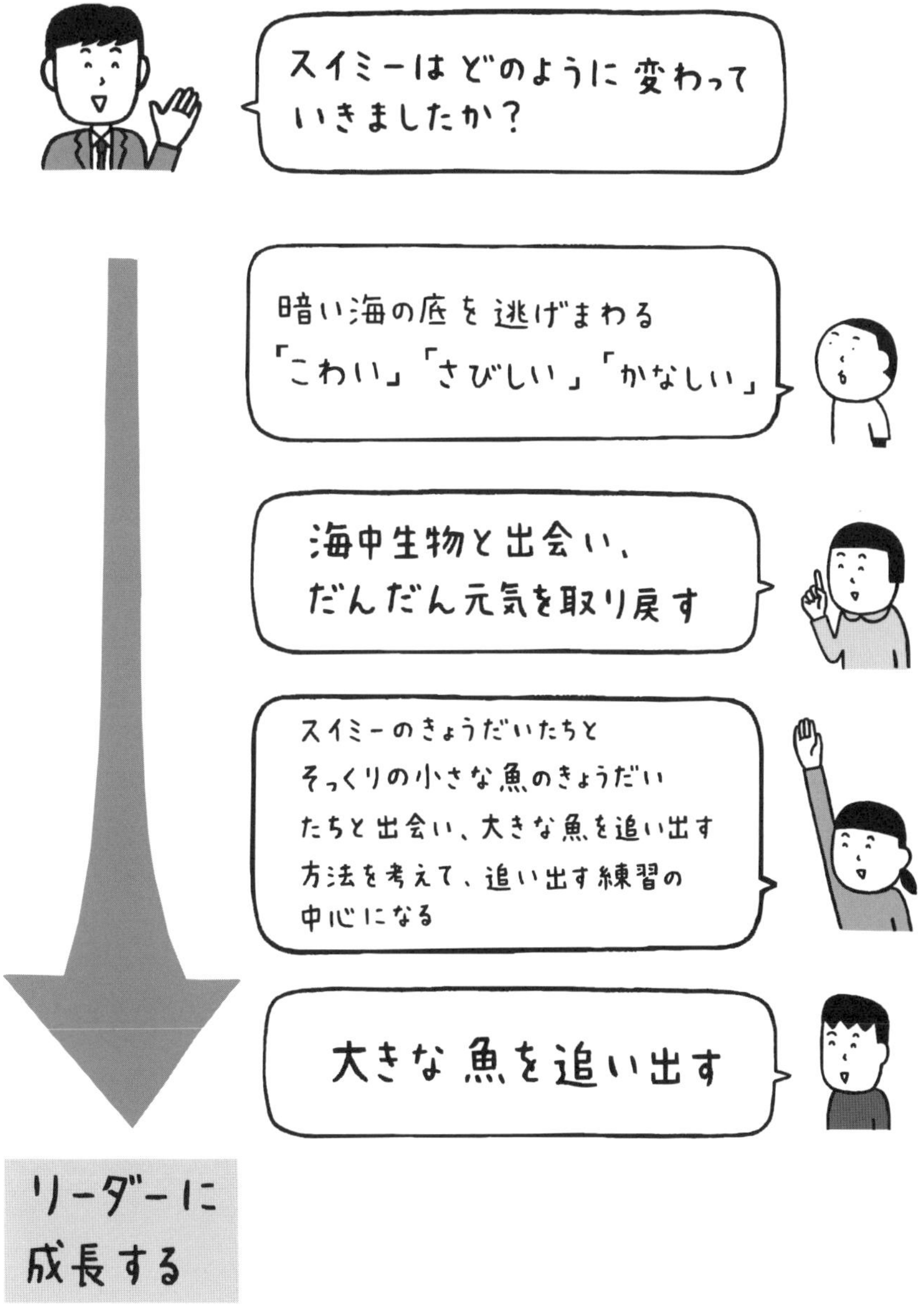
スイミーはどのように変わっていきましたか？
暗い海の底を逃げまわる
「こわい」「さびしい」「かなしい」
海中生物と出会い、
だんだん元気を取り戻す
スイミーのきょうだいたちと
そっくりの小さな魚のきょうだい
たちと出会い、大きな魚を追い出す
方法を考えて、追い出す練習の
中心になる
大きな魚を追い出す
リーダーに
成長する

物語の発問術9

会話文に着目させる

会話文から心情や人間関係をつかませる

登場人物の心情を読み取るうえで、会話文は大きな手がかりになります。会話文には、登場人物が思ったり考えたりしていることが表れているからです。また、誰が誰に対して話している言葉なのかを確かめることで、どのような人間関係なのかもわかってきます。したがって、物語を読み取る際には、会話文に着目させることが大切です。

会話文には、①相手に話しかけている会話文と、②独り言の会話文の二種類があります。①は登場人物がやり取りをしている会話なので人間関係がわかります。②は内言なので、登場人物の心の中がよくわかります。

会話文から心情の変化を読み取らせる

中心人物の会話文をつないで読み取ることで、心情の変化を読み取ることができます。例えば、「ごんぎつね」（光村図書『国語四下』令和二年度版）では、「**ごんの心情はどのように変化していきますか？ ごんの独り言に着目して、気持ちの変化を考えましょう**」という発問をします。そして、「ちょっ、あんないたずらをしなけりゃよかった。」（後悔する）→「おれと同じ、ひとりぼっちの兵十か。」（兵十に親近感をもつ）→「へえ、こいつはつまらないな。」（兵十とつながりたいと思う）とごんの心情の変化を読み取っていきます。

会話文から心情の変化を読み取らせる

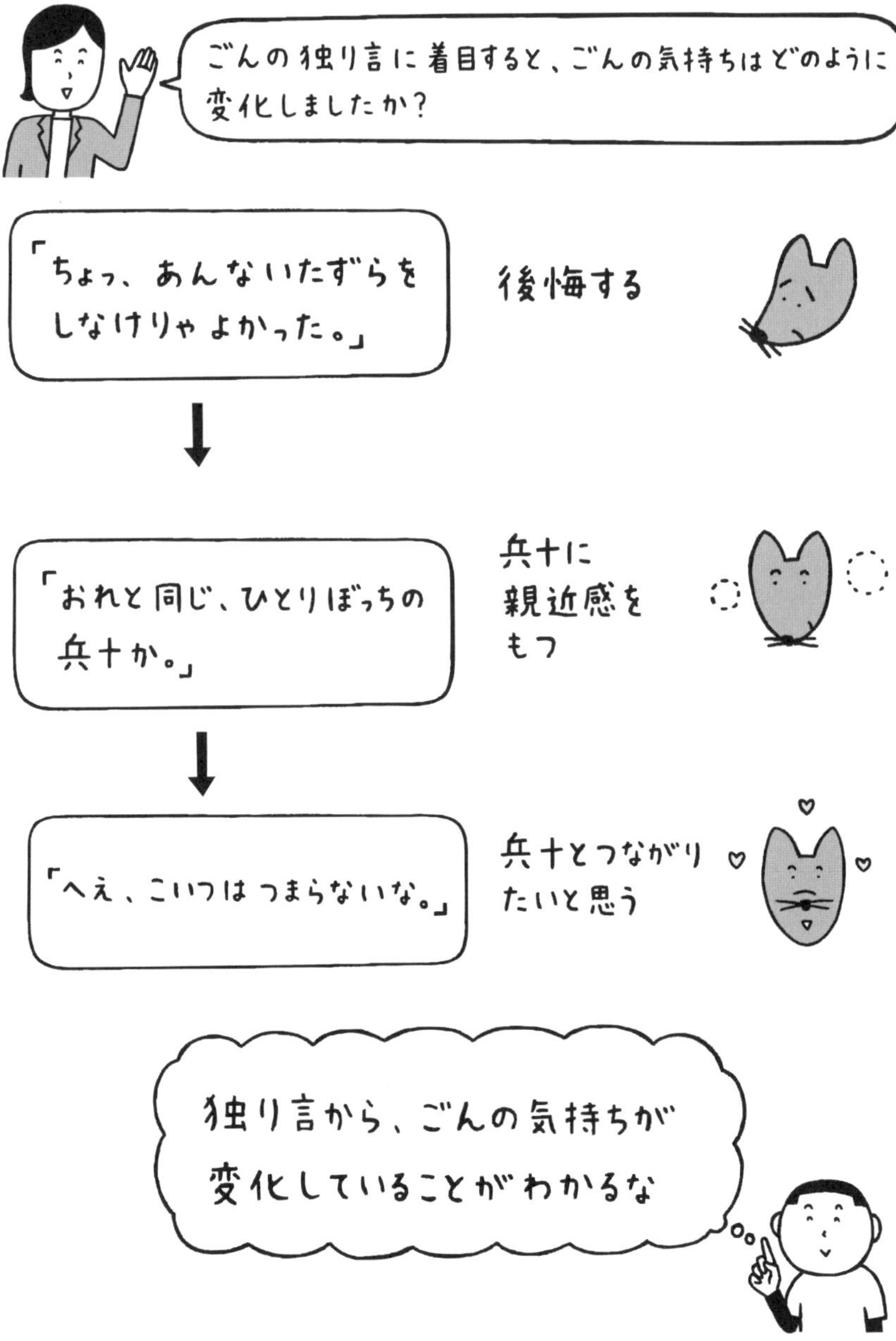
ごんの独り言に着目すると、ごんの気持ちはどのように変化しましたか？
「ちょっ、あんないたずらをしなけりゃよかった。」
後悔する
「おれと同じ、ひとりぼっちの兵十か。」
兵十に親近感をもつ
「へえ、こいつはつまらないな。」
兵十とつながりたいと思う
独り言から、ごんの気持ちが変化していることがわかるな

物語の発問術10

情景描写に着目させる

情景描写から登場人物の気持ちを読み取らせる

情景とは、心情と景色が一つになったものです。その場の景色が単なる風景ではなく、登場人物の心情を表しています。すなわち、情景描写は登場人物の気持ちを反映し、色彩やその場の雰囲気を伝える言葉になっています。したがって、情景描写に着目させることによって、登場人物の気持ちを読み取らせることができます。

美しい情景描写に着目させる

例えば、「大造《だいぞう》じいさんとガン」（光村図書『国語五』令和二年度版）では、美しい情景描写に大造じいさんの心情が表現されています。「秋の日が、美しくかがやいていました。」には、今度こそうまくいきそうだという大造じいさんの期待が表れています。また、「あかつきの光が、小屋の中にすがすがしく流れこんできました。」には、待ちに待った時が来たという大造じいさんの緊張した様子が表れています。さらに、「東の空が真っ赤に燃えて、朝が来ました。」には、大造じいさんの「今度こそしとめてやる」という強い思いが表れています。

そこで、**「大造じいさんはどのような心情ですか？　美しい景色の表現を見つけ、大造じいさんのどのような気持ちを表しているか考えましょう」**という発問をして、大造じいさんの心情を読み取らせます。

情景描写から登場人物の気持ちを読み取らせる

美しい景色の表現を見つけましょう。それらは大造じいさんのどのような気持ちを表しているか考えましょう

「あかつきの光が、小屋の中にすがすがしく流れこんできました。」

➡

待ちに待った時が来たという緊張した様子が表れているな

「東の空が真っ赤に燃えて、朝が来ました。」

➡

「今度こそしとめてやる」という強い思いが表れているな

「らんまんとさいたスモモの花が、その羽にふれて、雪のように清らかに、はらはらと散りました。」

➡

残雪に堂々と戦おうと呼びかけるときのすがすがしい気持ちが表れているな

物語の発問術 11

視点の転換に着目させる

●「誰の視点」で書かれているかをつかませる

視点とは、登場人物に寄り添って物語を語り、展開する語り手の立ち位置のことです。語り手は、読者に対して物語を語る物語内の人物であり、「地の文」を語る話者の役割を果たします。基本的には、語り手が誰を対象に語っているかで、一人称視点と三人称視点があります。視点が転換すると、それまで読み取れなかったことが見えたり、想像できたりします。

例えば、「ごんぎつね」（光村図書『国語四下』令和二年度版）では、第1場面～第5場面まではごんの視点で書かれていますが、第6場面では、「そのとき兵十は、ふと顔を上げました。と、きつねがうちの中へ入ったではありませんか。こないだ、うなぎをぬすみやがったあのごんぎつねめが、またいたずらをしに来たな。」と兵十の視点で書かれていて、兵十がごんのことをどう思っているかが読み取れます。

●視点の転換で「見えること」「想像できること」を考えさせる

視点が転換したことに気づかせるためには、子どもたちに「**ここからは、誰の視点で書かれていますか？**」という発問をします。そしてさらに、「**兵十のごんに対するどのような気持ちが読み取れますか？**」と発問して、視点が転換することで見えてきたこと、想像できることを考えさせます。

視点の転換で「見えること」「想像できること」を考えさせる

『ごんぎつね』の最後の場面では、
「そのとき兵十は、ふと顔を上げました。と、きつねがうちの中へ入ったではありませんか。こないだ、うなぎをぬすみやがったあのごんぎつねめが、またいたずらをしに来たな。」と書かれています。
ここからは、誰の視点で書かれていますか？
兵十です
兵十のごんに対するどのような気持ちが読み取れますか？
「ぬすみやがった」からにくんでいることがわかります
「ごんぎつねめ」からもにくんでいることがわかります

物語の発問術 12

対比に着目させる

ちがいを強調する対比の効果をつかませる

対比とは、二つのものや事柄を比較することによって、ちがいをはっきりさせることをいいます。AとBのどちらか片方のちがいを強調したり、AとB両方のちがいを強調したりします。

比較される要素には、例えば次のようなものがあります。①色（「スイミー」でのスイミーと小さな魚のきょうだいの体の色の対比）、②時（「やまなし」での同じ川底の五月と十二月の対比）、③場所（「ごんぎつね」でのごんがくりを置いた入り口と家の中の対比）、④場面（「ちいちゃんのかげおくり」での第1場面のかげおくりと第4場面のかげおくりの対比）、⑤人物の性格（「お手紙」でのがまくんとかえるくんの性格の対比）、⑥人物の様子（「一つの花」での出征見送り場面におけるゆみ子たちとほかの兵隊たちの様子の対比）。

対比から場所のちがいの意味を読み取らせる

例えば、「ごんぎつね」（光村図書『国語四下』令和二年度版）では、ごんはいたずらの償いとして何度もくりを兵十に届けますが、その場所がちがいます。はじめのうちは物置の入り口に届けますが、最後は家の中の土間に届けます。このちがいに着目させるために、「**ごんがくりを届ける場所にちがいはありますか？**」と発問します。さらに、「**場所のちがいにどんな意味がありますか？**」と発問し、ごんの兵十に対する気持ちや兵十のごんに対する気持ちを読み取らせます。

対比から場所のちがいの意味を読み取らせる

物語の発問術 13

くり返しに着目させる

くり返しの効果をつかませる

くり返しとは、同じ言葉や文を二回以上くり返し使う表現技法のことです。くり返しには、語単位や文単位などいろいろな形があります。くり返しには強調の効果があるので、そこに注目すると、作者の意図や作者が強調したいことがわかります。

くり返し表現から作者が強調したいことを読み取らせる

例えば、「一つの花」（光村図書『国語四上』令和二年度版）では、「一つだけ」の言葉がくり返し出てきます。冒頭部分は、『一つだけちょうだい。』／これが、ゆみ子のはっきりおぼえた最初の言葉でした。」で始まります。そして、お母さんの「一つだけ――。一つだけ――。」の口ぐせの言葉、お父さんの「みんな一つだけ。」の言葉、ゆみ子の「一つだけちょうだい、おじぎり、一つだけちょうだい。」の言葉と「一つだけ」がくり返し出てきます。この言葉に着目させるために、「『**一つの花**』**には同じ言葉がくり返し出てきます。どんな言葉ですか？**」と発問して見つけさせます。そして、クライマックスの「ゆみ。さあ、一つだけあげよう。一つだけのお花、大事にするんだよう――。」で使われている「一つだけ」は、それまでの否定的な使い方とはちがい、肯定的な使い方であることに気づかせるために、「**クライマックスでは、『一つだけ』の意味がどのように変わりましたか？**」と発問します。

くり返し表現から作者が強調したいことを読み取らせる

『一つの花』には同じ言葉がくり返し出てきます。どんな言葉ですか？
一つだけ

クライマックスでは、「一つだけ」の意味がどのように変わりましたか？
それまでの「一つだけ」は、食べ物のときに使っていたけれど、クライマックスでは食べ物ではない花に変わっているな
それまでの「一つだけ」は、食べ物が一つしかないと否定的に使っていたけれど、クライマックスでは一つしかない大切なものという意味で使っているな

物語の発問術14

比喩に着目させる

比喩表現のよさに気づかせる

比喩とは、ある物事を別の物事に見立て、なぞらえる表現です。比喩には、直喩と隠喩があります。直喩は、たとえるものとたとえられるものをはっきり区別して、「まるで」「ようだ」「みたいだ」「例えば」など、比喩であることを説明する言葉をつけます。隠喩は、たとえるものとたとえられるものがはっきり区別されません。たとえられるものが暗示されるだけで、「ようだ」「みたいだ」などの言葉がありません。物語の中でこれらの比喩を使うと作者が伝えようとする内容がわかりやすくなります。

比喩表現から多面的な読み取りをさせる

例えば、「スイミー」（光村図書『こくご二上』令和二年度版）には、おそろしいまぐろが「ミサイルみたいに」突っ込んでくる場面があります。直喩であるこの比喩を読ませるために、「**まぐろとミサイルはどんなところが似ていますか？**」と発問します。「どちらも大きいです」「色が似ていて黒っぽいです」「とてもスピードが速いです」「相手を正確にねらえます」「相手をやっつけて殺します」などと多面的な読み取りをさせ、まぐろは速いスピードで泳ぎ、スイミーたちを正確にねらって、一口で小さな赤い魚たちを全部飲み込んだことをつかませます。

比喩表現から多面的な読み取りをさせる

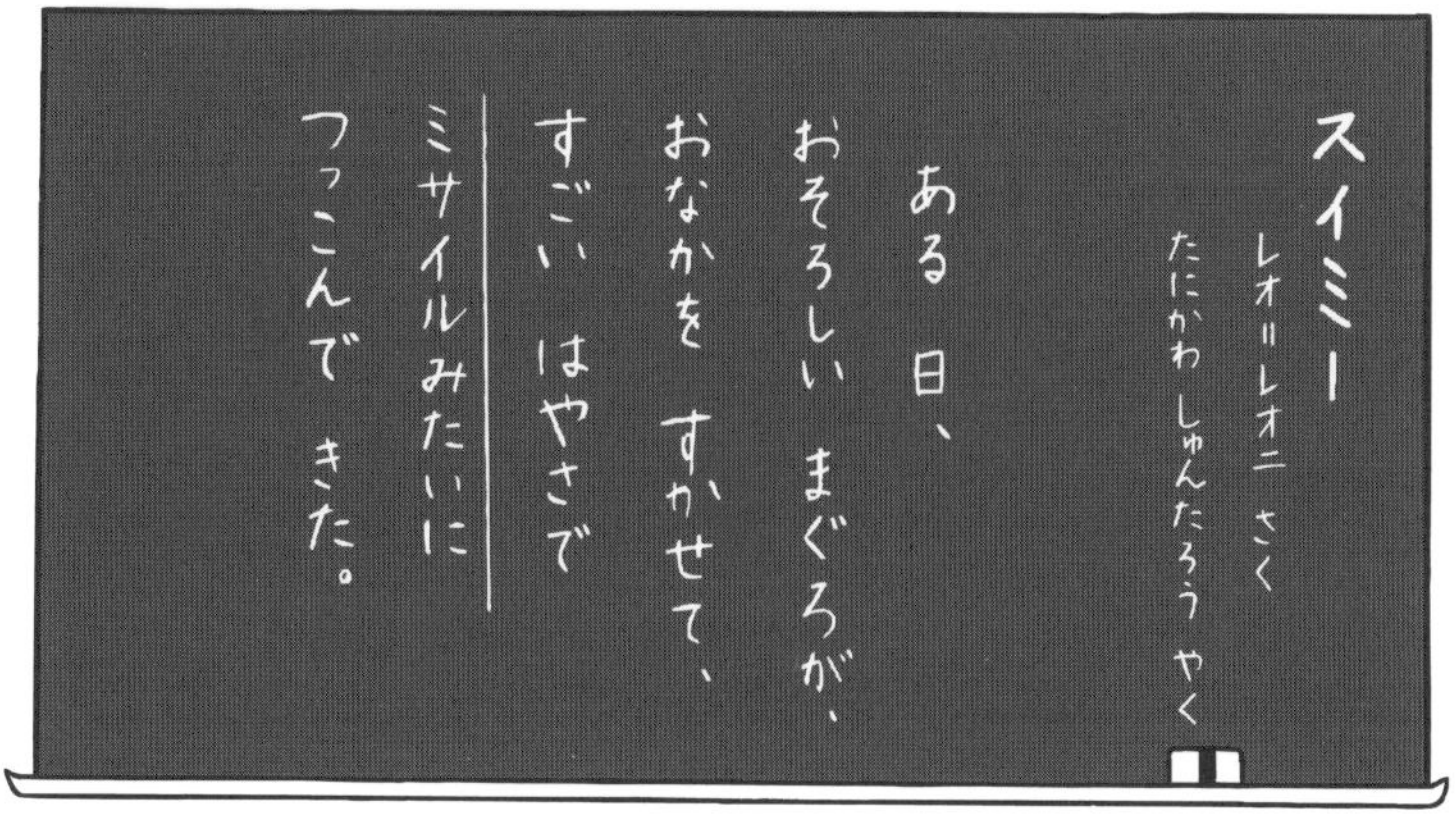
スイミー
レオ＝レオニ さく
たにかわ しゅんたろう やく
ある 日、
おそろしい まぐろが、
おなかを すかせて、
すごい はやさで
ミサイルみたいに
つっこんで きた。

まぐろとミサイルはどんなところが似ていますか？
どちらも 大きいです
色が 似ていて 黒っぽいです
とてもスピードが速いです
相手を正確にねらえます
相手をやっつけて殺します
たくさん 相手を殺すので、こわいです

物語の発問術15

倒置法に着目させる

倒置法の効果をつかませる

倒置法とは、通常の言い方とは順序を逆にして、文章中の語順をひっくり返して表現することをいいます。語順をひっくり返すことによって、感動や驚き、強調したい自分の思いを強く伝えることができます。したがって、倒置法が使われているところに着目させることによって、作者の思いや作品の主題をつかませることができます。

倒置法で強調している内容をつかませる

例えば、「スイミー」(光村図書『こくご二上』令和二年度版)では、大切な事件の節目にあたるところですべて倒置法が使われています。すなわち「スイミーは　およいだ、くらい　海の　そこを。」「その　とき、岩かげに　スイミーは　見つけた、スイミーのと　そっくりの、小さな　魚の　きょうだいたちを。」『みんな　いっしょに　およぐんだ。海で　いちばん　大きな　魚の　ふりをして。』」「スイミーは　教えた。けっして、はなればなれに　ならない　こと。みんな、もちばをまもる　こと。」の四箇所です。

これらの倒置法に着目させるために、「**『スイミー』でふつうの言い方と順番がちがう箇所はどこですか?**」と発問します。さらに「**そこでは、どんなことを強く言いたいのですか?**」と発問して、倒置法を使って強調している内容を読み取らせます。

倒置法で強調している内容をつかませる

『スイミー』でふつうの言い方と順番がちがう箇所はどこですか?

① スイミーは およいだ、くらい 海の そこを。

② その とき、岩かげに スイミーは 見つけた、スイミーのと そっくりの、小さな 魚の きょうだいたちを。

③ みんな いっしょに およぐんだ。海で いちばん 大きな 魚の ふりを して。

④ スイミーは 教えた。けっして、はなれ ばなれに ならない こと。みんな、もちばを まもる こと。

そこでは、どんなことを強く言いたいのですか?

① スイミーがまぐろから逃げるために必死で泳いだこと。しかも、暗い海の底だったこと

② スイミーのきょうだいたちとそっくりの小さな魚のきょうだいたちを見つけてうれしかったこと

③ 大きな魚のふりをして、みんなでいっしょに泳げばうまくいくこと

④ スイミーが教えた大事な二つのこと

物語の発問術16

体言止めに着目させる

●体言止めのよさに気づかせる

体言止めとは、文末を名詞や代名詞の体言で終えることをいいます。体言止めは、文の中で最後の名詞が印象に残り強調することができます。また、体言止めは歯切れがよく、軽妙なリズムを生み出すこともできます。したがって、物語の中の体言止めに着目させることによって、作者が強調したいことをつかませることができます。

●体言止めに着目させて、強調したいことを読み取らせる

例えば、「スイミー」（光村図書『こくご二上』令和二年度版）では、スイミーがひとりぼっちになって海の底をさまよっているうちに、海中生物たちと出会い、だんだん元気を取り戻していく様子を次のように体言止めで表しています。「にじ色の　ゼリーのような　くらげ。」「水中ブルドーザーみたいな　いせえび。」「見た　ことも　ない　魚たち。」「ドロップみたいな　岩から　生えて　いる、こんぶや　わかめの　林。」「うなぎ。かおを　見る　ころには、しっぽを　わすれて　いるほど　ながい。」「風に　ゆれる　もも色の　やしの　木みたいな　いそぎんちゃく。」。これらの体言止めに着目させて、「**これらの文の最後は、『～です。』となっていません。どんなよさがありますか？**」と発問します。そして、作者が強調したいことやリズム感のある文体に気づかせます。

体言止めに着目させて、強調したいことを読み取らせる

スイミーが、暗い海の底で見つけた
すばらしいものとは何ですか？

- にじ色の　ゼリーのような　くらげ。
- 水中ブルドーザーみたいな　いせえび。
- 見た　ことも　ない　魚たち。
- ドロップみたいな　岩から　生えて　いる、
こんぶや　わかめの　林。
- うなぎ。かおを　見る　ころには、しっぽを
わすれて　いるほど　ながい。
- 風に　ゆれる　もも色の　やしの　木みたいな
いそぎんちゃく。

これらの文の最後は、「〜です。」となっていません。
どんなよさがありますか？

歯ぎれがよい。
リズムがある

生き物を強く言っている
感じがする

元気を取り戻すくらい
すばらしいものだと強く
言っている感じがする

物語の発問術17

表記に着目させる

●表記に着目させて、作者の強調したいことをつかませる

表記には、「、(読点)」「。(句点)」「かっこ(かぎかっこ、まるかっこなど)」「―(ダッシュ)」「漢字とひらがなとカタカナの使い分け」があります。物語では、ちょっとした表記のちがいによって、作者の強調したいことが読み取れます。

例えば、「いつも栗を食べた」と「いつも、栗を食べた」では、作者が強調したいことがちがいます。後者では、「いつも」が強調され、「いつ食べたか」を強調して伝えています。

●表記のちがいから人物の心情を読み取らせる

例えば、「一つの花」(光村図書『国語四上』令和二年度版)のクライマックスは、「ゆみ。さあ、一つだけあげよう。一つだけのお花、大事にするんだよう――。」です。「一つだけのお花、」と読点をつけることによって、「一つだけのお花」を強調しています。そこで、**『一つだけのお花、』で読点があるのとないのとではどうちがいますか？**」と発問してちがいを読み取らせます。

また、「大事にするんだよう――。」とダッシュをつけることによって、お父さんの言葉にならない思い、大事にしてほしいという強い思いを表しています。そこで、「**ダッシュにはお父さんのどのような思いがありますか？**」と発問して考えさせます。

表記のちがいから人物の心情を読み取らせる

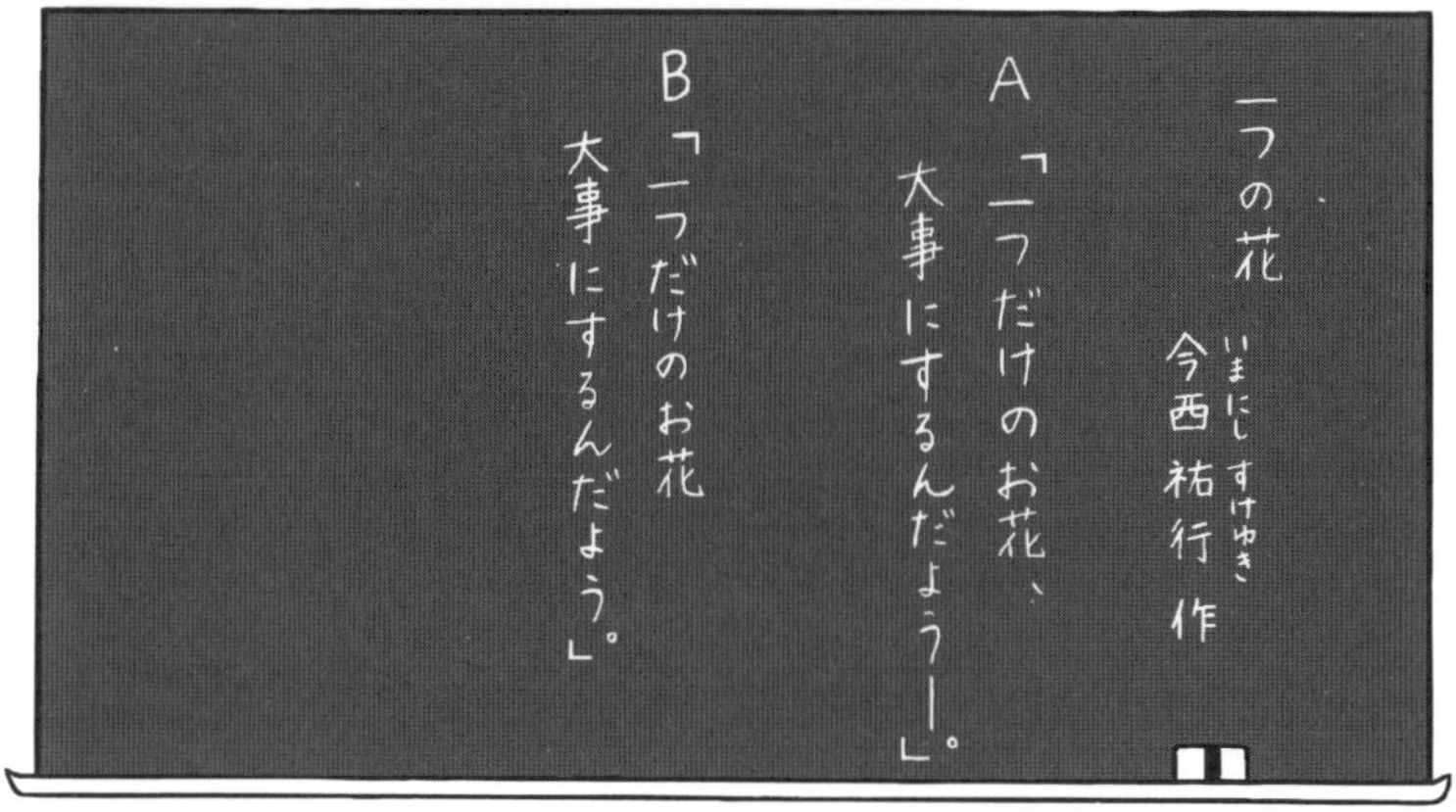

一つの花
今西祐行《いまにしすけゆき》 作
A「一つだけのお花、
大事にするんだよう――。」
B「一つだけのお花
大事にするんだよう。」

「一つだけのお花、」で読点があるのとないのとではどうちがいますか？
読点があるほうが「一つだけのお花」を強調している感じがします
「大事にするんだよう――。」のダッシュにはお父さんのどのような思いがありますか？
一つの花を大事にしてほしいという強い思いが続いています
もうそれ以上しゃべることができないお父さんの精一杯の思いがあります

物語の
発問術
18

伏線に着目させる

●中心人物の変容を伏線から読み解かせる

物語は、中心人物がさまざまな事件によって変容する過程が描かれています。とくに、クライマックスでは中心人物がいちばん大きく変容します。このクライマックスに向けて、前もってそれとなく述べられている事件や出来事を伏線（しかけ）といいます。伏線は、物語の中にしかけとしてちりばめられ、この伏線に着目することによって、物語を深く読み取り、主題にも迫ることができます。

●伏線を明らかにして、中心人物の変容を読み取らせる

例えば、斎藤隆介の「モチモチの木」（光村図書『国語三下』令和二年度版）では、次のような伏線がしかけられています。導入部では、夜のモチモチの木が豆太にとってこわいものであるという、豆太とモチモチの木の関係が設定されています。展開部では、霜月二十日の夜はモチモチの木に灯がともり、勇気のある一人の子どもしか見ることができないことを豆太は知ります。山場では、その夜にじさまが急病になり、豆太に試練が訪れます。じさまを助けたいという豆太の思いが、豆太の内面に勇気を生み出します。そして、その証しとしてモチモチの木に灯がともります。豆太が勇気を出すことができた因果関係を読み取らせ、主題に迫るために、**「豆太がモチモチの木に灯がついているのを見ることができることに向けて、どのようなしかけ（伏線）がされていますか？」**と発問し、豆太の変容を読み取らせます。

伏線を明らかにして、中心人物の変容を読み取らせる

豆太がモチモチの木に灯がついているのを見ることができることに向けて、どのようなしかけ（伏線）がされていますか？

導入部（まえばなし）

おくびょうな豆太にとって夜のモチモチの木はこわいものである。

↓

展開部

霜月二十日の夜はモチモチの木に灯がともり、勇気のある一人の子どもしか見ることができないことを知る。

↓

山場

じさまが急病になり、豆太は夜のモチモチの木のこわさ、真夜中のこわさを超えて走り、豆太の内面に勇気を生み出す。

↓

勇気を出した証しとしてモチモチの木に灯がついているのを見ることができる。

うまく
しかけられて
いるな！

！

物語の発問術 19

題名に着目させる

●題名に着目させて、作者のメッセージを読み取らせる

題名には、登場人物の名前を題名にしたもの（「スイミー」「ごんぎつね」「大造《だいぞう》じいさんとガン」）、事件や物語の山場のキーワードを題名にしたもの（「モチモチの木」「あめ玉」）、物語の主題にかかわる言葉を題名にしたもの（「お手紙」「わたしはおねえさん」「一つの花」）があります。

どのタイプの題名でも、題名には作者の思いやメッセージが込められているので、題名についての読み取りもすることが大事です。

例えば、「わたしはおねえさん」（光村図書『こくご二下』令和二年度版）では、主人公のすみれちゃんが二年生になって「えらいおねえさん」になることをめざしますが、うまくいきません。妹がすみれちゃんのノートに落書きをしたときには、妹の気持ちを読み取ることができずに、「半分ぐらい、なきそうでした。もう半分は、おこりそうでした。」という状態になります。そして、思わず感情的になって、妹に「『何よ、これ。』」と言ってしまいます。しかし、落書きのノートをもう一度「じっと。」「ずっと。」見ているうちに、妹の気持ちが理解できて、妹を許します。「わたしはおねえさん」というプライドが支えとなって、葛藤を乗り越えたのです。

そこで、「**ノートを『じっと。』『ずっと。』見ているとき、すみれちゃんは何を考えていましたか？**」と発問します。そして、「**なぜ、『わたしはおねえさん』という題名なのですか？**」と発問し、作者のメッセージを読み取らせます。

題名に着目させて、作者のメッセージを読み取らせる

『わたしは おねえさん 』で
ノートを「じっと。」「ずっと。」見ているとき、
すみれちゃんは 何を 考えていましたか？
妹は 落書きを したんじゃなくて、コスモスの花を 描いたんだな
妹は 私のまねをして 勉強しようとしたんだな
なぜ、『わたしは おねえさん 』という 題名なのですか？
すみれちゃんが 妹の 落書きを 許して、おねえさんらしくなったから
妹に「ちょっとどいてね。」と やさしい 言葉をかけて、おねえさんらしくなったから
妹のぐちゃぐちゃのコスモスの 絵を消さないで、おねえさん らしくなったから

物語の発問術 20

主題に着目させる

くり返される言葉やクライマックスに注目させる

主題とは、①作者が物語で伝えようとする中心的な内容や考え、②物語から読み手が読み取ったことの二つがあります。したがって、主題は物語に一つだけとは限りません。主題に迫るためには、物語全体にわたってくり返し出てくる言葉や事柄に着目させます。例えば、「一つの花」（光村図書『国語四上』令和二年度版）では、「一つだけ」がくり返し出てきます。出征時にお父さんがゆみ子に語りかける「一つだけあげよう。一つだけのお花、大事にするんだよう――。」の言葉からは、「一つ」はかけがえのない大切なもの、「花」は優しさや美しさを象徴するもの、戦争と対極に位置する平和を象徴するものということが読み取れます。そこで、**「『一つの花』の主題はなんですか？」**と発問して、「父親のゆみ子への愛情」「ゆみ子には平和な世の中で優しい子、美しい子に育ってほしいという父親のかけがえのない願い」を読み取らせます。物語の主題に迫るためには、中心人物の考えや心情、行動をクライマックスに注目しながら振り返らせることも有効です。例えば、「スイミー」（光村図書『こくご二上』令和二年度版）では、スイミーの指導のもとに小さな魚たちは力を合わせて大きな魚の形をつくります。その際、スイミーは「まっくろ」な体を生かして目の役割を担います。そこで、「**大きな魚を追い出したスイミーの行動から、どんなことがわかりますか？**」と発問して、「一人ひとりは小さな力でも、力を合わせると強い相手に勝てる」「みんなとちがうこと（真っ黒）を生かすとうまくいく」「考え、行動するうちにリーダーらしくなっていく」ことを読み取らせます。

くり返される言葉やクライマックスに注目させる

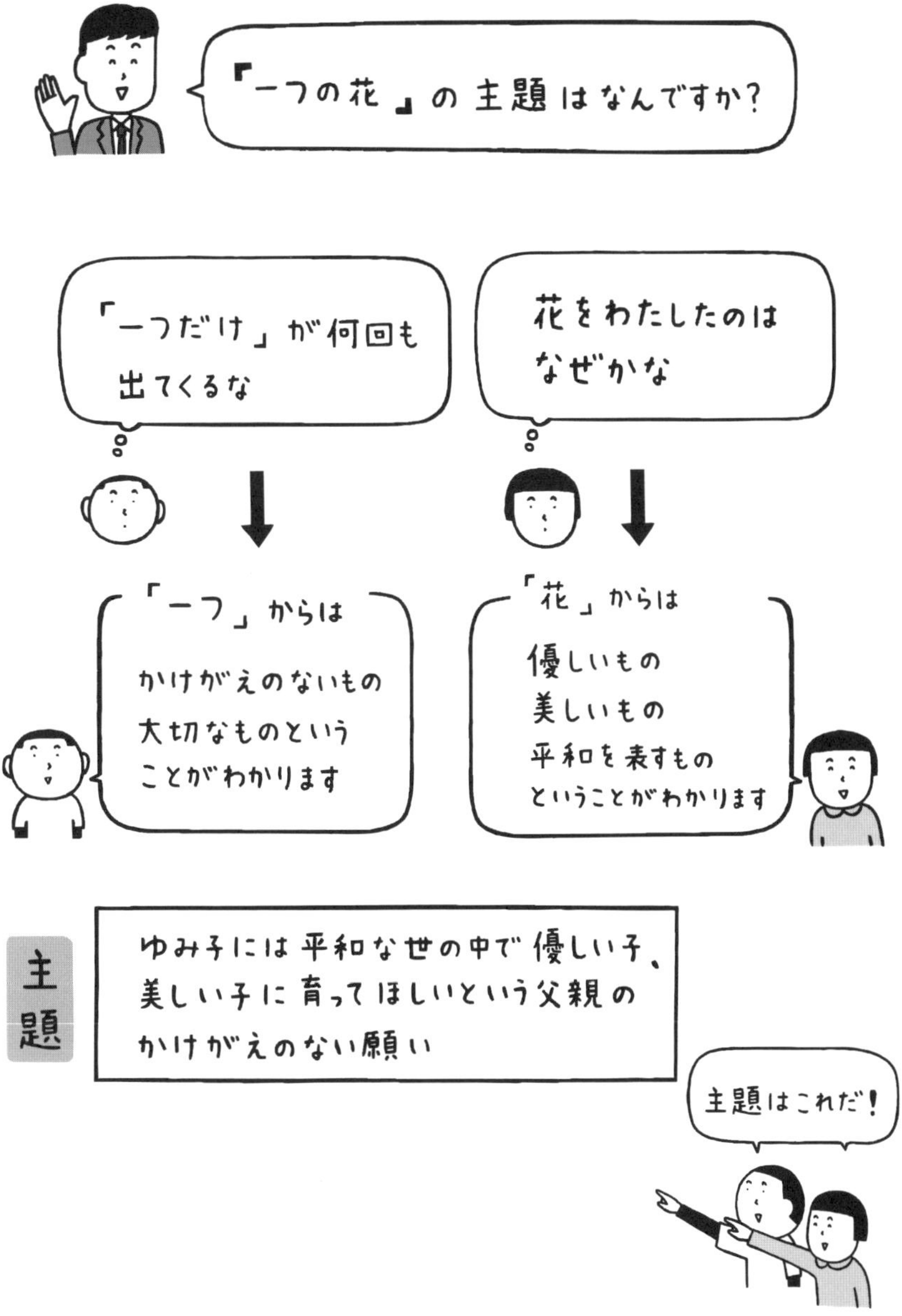
『一つの花』の主題はなんですか？
「一つだけ」が何回も出てくるな
花をわたしたのはなぜかな
「一つ」からは
かけがえのないもの
大切なものという
ことがわかります
「花」からは
優しいもの
美しいもの
平和を表すもの
ということがわかります
主題
ゆみ子には平和な世の中で優しい子、美しい子に育ってほしいという父親のかけがえのない願い
主題はこれだ！

物語の発問術21

物語を吟味させる

再読させて、おもしろさを発見させる

物語を吟味するとは、再読して物語への評価や批評を行うことです。物語を詳しく読み、主題を読み取ったあとに、子ども一人ひとりの思いを「感想」という形で文章化させることがよくあります。これを生かしながら、物語を再読させ、物語の「おもしろさ」に焦点を当てて批評文を書かせます。観点は、次のようです。

・物語の展開のおもしろさ　・物語の結末のおもしろさ　・視点の変化のおもしろさ
・心情表現や情景表現のおもしろさ　・伏線のおもしろさ　・表現技法のおもしろさ

物語の「展開のおもしろさ」を発見させる

例えば、「あめ玉」（光村図書『国語五』平成二十七年度版）では、物語の展開のおもしろさが読めます。わたし舟の中で、二人の子どもが一つのあめ玉をせがんでだだをこねます。すると、それまで居眠りをしていた黒ひげの強そうなさむらいが刀を抜いて近づきます。母親は真っ青になって子たちをかばいます。ところが、さむらいは刀であめ玉を半分に割って分けてやります。

そこで「**『あめ玉』の展開のどんなところがおもしろいですか？**」と発問して、意外な結末を迎えるというスリルあるストーリーのおもしろさを発見させます。

再読させて、おもしろさを発見させる

物語の展開のおもしろさ
物語の結末のおもしろさ
視点の変化のおもしろさ
心情表現や情景表現のおもしろさ
伏線のおもしろさ
表現技法のおもしろさ

物語の「展開のおもしろさ」を発見させる

『あめ玉』の展開のどんなところがおもしろいですか？
二人の子どもがあめ玉をせがんでだだをこねると、さむらいが刀を抜いて近づいてくるところがハラハラしておもしろいです
刀であめ玉を半分に割って分けてやったさむらいが、何も言わずに居眠りをするところがおもしろいです

【著者紹介】

加藤辰雄（かとう たつお）

愛知県立大学非常勤講師。「読み」の授業研究会運営委員。

1951 年生まれ。三重大学教育学部卒業後、名古屋市立小学校教諭を経て、現職。

【著書】

『本当は国語が苦手な教師のための国語授業のつくり方　小学校編』（2015 年）
『本当は国語が苦手な教師のための国語授業のアクティブ・ラーニング　小学校編』（2016 年）
『本当は国語が苦手な教師のための国語授業の板書・ノート指導　小学校編』（以上学陽書房、2018 年）
『国語力をつける説明文・論説文の「読み」の授業』（共著、2016 年）
『「ごんぎつね」の読み方指導』（共著、1991 年）
『「大造じいさんとがん」の読み方指導』（以上明治図書、共著、1993 年）
『科学的な「読み」の授業入門　文学作品編』（東洋館出版社、共著、2000 年）
『「言語活動」を生かして確かな「国語の力」を身につけさせる』（共著、2012 年）
『若い教師のための「言語活動」を生かした国語の授業・徹底入門』（共著、2013 年）
『授業で子どもに必ず身につけさせたい「国語の力」』（共著、2014 年）
『国語科の「言語活動」を徹底追究する』（共著、2015 年）
『「アクティブ・ラーニング」を生かしたあたらしい「読み」の授業』（共著、2016 年）
『国語の授業で「主体的・対話的で深い学び」をどう実現するか』（共著、2017 年）
『国語の授業で「深い学び」をどう実現していくか』（共著、2018 年）
『国語の授業で「言葉による見方・考え方」をどう鍛えるのか』（以上学文社、共著、2019 年）
『国語の本質がわかる授業②　ことばと作文』（共著、2008 年）
『国語の本質がわかる授業④　文学作品の読み方１』（以上日本標準、共著、2008 年）
『必ずうまくいく朝の会・帰りの会　18 のヒケツ 41 のアイデア 小学校』（2013 年）
『必ずうまくいく係活動　21 のヒケツ 20 のアイデア 小学校』（以上フォーラム・A、2013 年）
『学校を飾ろうよ　空間・壁面構成と立体工作のアイデア』（共著、2001 年）
『教室を飾ろうよ　空間・壁面構成のアイデア　春・夏』（2001 年）
『教室を飾ろうよ　空間・壁面構成のアイデア　秋・冬』（2001 年）
『新版「１年生を迎える会」「６年生を送る会」を創ろうよ』（2002 年）
『楽しい全校集会を創ろうよ　シナリオ版』（2004 年）
『誰でも成功する学級づくりのキーポイント　小学校』（2003 年）
『誰でも成功する子ども集団の動かし方』（2004 年）
『誰でも成功する小学１年生の指導』（2005 年）
『誰でも成功する小学２年生の指導』（2007 年）
『誰でも成功する小学３年生の指導』（2006 年）
『誰でも成功する小学４年生の指導』（2009 年）
『誰でも成功する小学５年生の指導』（2007 年）
『誰でも成功する小学６年生の指導』（2008 年）
『誰でも成功する板書のしかた・ノート指導』（2007 年）
『誰でも成功する発問のしかた』（2008 年）
『誰でも成功する授業での説明・指示のしかた』（2009 年）
『誰でも成功する授業ルールの指導』（2010 年）
『誰でも成功するはじめての学級担任』（2011 年）
『誰でも成功する学級のシステム＆ルールづくり』（2012 年）
『誰でも成功する学級のまとめ方・育て方』（2013 年）
『誰でも成功する言語力を高める話し合い指導』（2014 年）
『クラス全員を授業に引き込む！　発問・指示・説明の技術』（2015 年）
『「気になる子」のいるクラスが驚くほどまとまる授業のつくり方』（以上学陽書房、2015 年）など

本当は国語が苦手な教師のための
国語授業の発問テクニック　小学校編

2021年4月28日　初版発行

著者――加藤辰雄《かとうたつお》

装幀――スタジオダンク
本文デザイン・DTP制作――スタジオトラミーケ
イラスト――斉藤明子
発行者――佐久間重嘉
発行所――株式会社 学陽書房
東京都千代田区飯田橋1-9-3　〒102-0072
営業部　TEL03-3261-1111　FAX03-5211-3300
編集部　TEL03-3261-1112　FAX03-5211-3301
http://www.gakuyo.co.jp/
印刷――加藤文明社
製本――東京美術紙工

ISBN978-4-313-65385-6 C0037

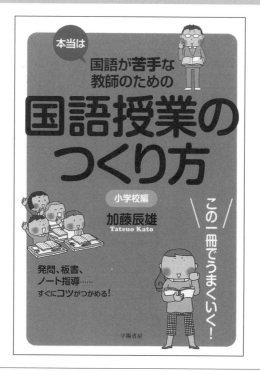